湛庐CHEERS

与最聪明的人共同进化

HERE COMES EVERYBODY

从硅谷模式到人单合一

[美] 安妮卡·施泰伯 著
Annika Steiber

陈劲 庞宁婧 译

HMI Haier MODEL INSTITUTE 海尔模式研究院
海尔模式研究系列丛书

Leadership For A Digital World

浙江教育出版社 · 杭州

推荐序

重新思考一切

埃德加·沙因
企业文化理论之父
彼得·沙因
美国加州门洛帕克 OCLI.org 公司联合创始人

对 21 世纪的企业领袖及管理和创新专业的学生而言，海尔通用电气家电（GE Appliances，GEA）的故事提供了重要的经验和原则。虽然不乏大型企业兼并的成功案例，但是这个案例具有独特且新颖之处，它迫使我们重新思考一切，去想象一个具有百年历史的美国“白色家电”（家用电器）的强者，在 20 世纪 80 年代的一家中国初创企业的推动下，实现了全面系统的转型，以更好、更具竞争力、面向新世纪的方式重新崛起。

近 5 年来出现的通用电气家电模式在理论上备受推崇，却很少能成功应用于实践。如今，人们普遍认为，业务问题的复杂性、系统性和动态性越强，决策权和自主权就越需要被推向拥有最相关信息，并有能力根据这些信息采取行动的人。典型的层级组织会出现 3 方面的挑战。

- ◎ 设计。权力和决策自主权应该或允许被下放到什么层级？一个组织能否在最有可能获取信息（市场洞察力）的地方允许权力最大化？
- ◎ 协调。如何协调组织各单位之间的关系，或者让组织尽可能地实现自组织？如果自组织需要自上而下的监督，那它还是自组织的吗？
- ◎ 人际关系。各级员工之间的工作关系是否可以且应该是开放和信任的（即“二级关系”）？组织会因为传统的职业距离看起来更安全、更灵活，而回归到交易型的“一级关系”吗？

设计、协调以及人际关系，从定义上来说都是文化方面的挑战，因为转型需要对传统管理文化中一些最基本的假设进行反思，比如如下核心假设：组织应该有可预测的、一致的层级结构，层级越高，权力和自主权越大。然而，在当今的跨国组织环境中，各个层级的人才，特别是特定专业领域的人才，正在积极寻找方法替代层级结构，以提高组织最重视的专业人才的自主性、灵活性、职位和薪酬。无论他们是作为个人还是作为团体，都要赋予他们自主权，让他们实现自我管理，领导者都需要对组织的深层基本假设做出重大改变。商业转型和文化变革总是非常具有挑战性的，需要关键领导者在日常工作中付出巨大的努力和更多的情感。

这里最耐人寻味的也许是：两位背景截然不同的领导者及其各自的高级管理团队，围绕着一套在工作中激励员工的新假设达成了一致。“小微”模式和“人单合一”理念带来了自主性和责任感，取代了控制和问责。这听起来可能并不新鲜，在实践中却很罕见。

现在取得的成就以及未来如何演变，很可能取决于通用电气家电团队应对转型压力的方式。当他们从 2015 年的艰难岁月中走出来时，生存焦虑成为一种强大而又可以理解的变革催化剂，也成为他们向海尔人单合一模式转型的驱动力。然而，正如我们所知，这种求生的动力也会被学习新方法的焦虑抵消，尤其是有这样一个激进的变革计划。随着变革的进行，生存焦虑必须超过学习焦虑，转型才能成功。这个案例还表明，学习的能量（包括焦虑和预期）可能进一步助长了生存焦虑，从而推动通用电气家电在最初的 5 年里取得如此显著的进步。这绝对是一个在当下需要了解的重要故事，而且在很长一段时间内值得继续深入研究。因为我们猜想，当有着不同文化背景的领导者一起合作，制定愿景并相互激励以继续变革时，将会涌现出更多值得学习的东西。只有当一个实体不再存在时，转型才会结束。只有当员工被赋予自主权并相互信任，不断完善变革以适应自身实际情况，尽可能接近用户时，转型才会成功。

序言

数字时代需要新的管理模式

在未来几年，行业、企业和公共组织都将被数字技术和应对气候变化的调整所扰乱。在未来，企业将采用新的管理模式，以更好地适应数字化和可持续发展。

我在谷歌首次观察到了将这种新模式应用于实践的关键元素，我将研究结果发表在一篇期刊文章和 2014 年出版的《谷歌模式》（*The Google Model*）中。随后，在 2014 年初，我拓展了这项研究的范围。为了确认我是不是真的找到了可以广泛适用的原则，我梳理了全球诸多知名商业学者、顾问、记者和高管的文章，为快速变化中的最佳管理实践寻求证据。同时，我扩大了调查范围，将目光投向那些像谷歌一样因为成长性和创新能力而在硅谷闻名的企业，比如特斯拉、脸书、领英和推特。我发现，这几家企业有一个显著的共同点。这些企业的管理原则和实践不仅彼此相似，与谷歌模式相似，与我在全球文献综述中发现的最佳管理实践[①]也相似。我把这些最佳实践称为“硅谷模式”，因为当时硅谷是将这些实践应用得最完善、最彻底的地方。进一步的研究结果（包括对该模式的详细描述），发表在我和斯瓦克·奥林格（Sverker Alänge）合著的《硅谷秘密》（*The Silicon Valley Model*，出版于 2016 年）一书中。

不久，海尔邀请我访问其中国总部。海尔方希望和我讨论他们的管理模式，他们认为这种模式比硅谷模式更先进。这次访问促使我写了第三本书《中国能超越硅谷吗》（*Digital Age*），它进一步拓展了始于前两本书的探究。为了完成第三本书，我查阅了很多关于中国及海尔、阿里巴巴、腾讯、百度、小米和华为 6 家中国案例企业的文献综述。这本书我写了一年多，我在写作过程中还采访了很多对中国和这些案例企业有着深入了解的人。如果能将这些资料和硅谷中的一家或者几家企业联系起来，那就再好不过了。结果出人意料。

---

① 涵盖的研究学科包括：战略、管理、管理创新、技术管理、创新管理、创新传播、学习型组织、开放式创新、转型与变革管理、系统理论、创业等。

随着新的数字经济的到来，在吸取 40 多年的经验教训后，这些案例企业采用了与硅谷企业相同的管理原则。中国似乎已经成为下一个管理创新的摇篮。

这一发现为什么非常重要？因为管理创新对经济进步的重要性不亚于技术创新。事实上，管理创新使得技术创新成为可能。反过来说，技术创新有助于增加业务价值，而这往往需要管理创新。这意味着，那些不仅在技术创新而且在管理创新方面都处于领先地位的国家或地区，将比那些处于“被动反应模式”的跟随者角色的国家或地区拥有更大的商业优势。此外，研究表明，管理创新的传播速度比技术创新要慢得多。这意味着，在最好的情况下，一个率先进行管理创新的国家或地区，可以在其他国家或地区采用新的管理原则、实施新的生产实践之前，维持几十年的竞争优势。随着时间的推移，管理创新的中心最开始是在英国，19 世纪末转移到欧洲，从 20 世纪 20 年代开始又转移到美国，然后在 20 世纪末先是转移到日本，后又转移回美国硅谷，现在似乎要待在中国了。其结果是，不仅中国企业可以扩大规模并保持高度创新，西方也需要开始学习中国的管理创新。

本书的写作原因有很多。首先，我希望总结数字经济为什么需要新的管理模式，以及概述这种“新”组织形式的核心要素。其次，我想要强调在美国硅谷和中国两大数字技术创新和管理创新的摇篮中，领先的“数字赢家”的一些共同特征。再次，我会描述中国企业海尔的故事，帮助大家了解为什么海尔决定从传统制造型企业向物联网企业转型，以适应数字经济。我将对人单合一模式进行说明，并将之与来自硅谷的谷歌模式进行比较，以讨论人单合一模式到底“新颖”在哪里。最后，我希望通过一个美国企业采用人单合一模式的实际案例，来展示一个活跃在传统硬件制造行业中的组织如何运用人单合一模式背后的原则，对其业务进行颠覆性的企业变革。通过这种方式，我将帮助读者看清全局，然后再从具体的案例中学习。

本书旨在为管理领域做出独特的原创性贡献，因为它不仅是第一本将众多相互关联的前沿管理研究整合在一起的书，而且还提供了一个现实例子，说明传统企业如何转型以更好地适应数字经济。为了更好地实践应用，我在本书的最后两章提供了一些关键的管理建议和一个全局概要。

希望这本集合了最新管理理论的书能对你有所帮助，最好能够促进你对新管理模式需求的进一步讨论，并激发人们对当今一些领先企业的管理模式产生学习兴趣。它也将引出新的问题，并需要通过更多的研究和讨论来回答。本书是当前企业管理者、董事会成员、顾问、学者、政策制定者以及教育机构的宝贵资源。希望本书能激发一场必要的辩论，促使人们探讨管理如何能帮助所有人建设一个可持续发展的世界。关于气候变化将如何影响本书提出的数字经济管理原则这个问题，人们还需要进行更多的研究。在此，我呼吁在这一领域取得新进展的企业和组织能够向前迈进并分享知识，以便所有的管理者都能成功地带领我们进入可持续的未来。

最后，希望本书提出的综合方法能为许多人的工作带来新的视角。希望在未来几年内，本书能为商业领袖、学者、教育家和政策制定者提供一种具有启发性的学习途径。

你了解企业如何拥有元管理能力吗？

扫码鉴别正版图书
获取您的专属福利

扫码获取全部测试题答案，一起看看你是否了解企业如何拥有元管理能力

- “成本管理”和“企业敏捷性”是高层领导者对未来优先考虑和担忧的两个问题吗？（ ）

  A. 是

  B. 否

- 关于“人单合一”，以下说法正确的是（ ）

  A. 人单合一是谷歌发展的一种全新的管理模式

  B. 人单合一遵循的是“产品的价值最大化”

  C. 人单合一只为升级用户体验

  D. 人单合一旨在减少并最终消除智能产品的开发者和用户之间的界限

- 在一个复杂多变的时代，企业想拥有动态能力需要做到以下哪点？（ ）

  A. 使用先进的信息技术

  B. 当商业环境中的变化或问题变得明显时，做出反应

  C. 将运营和研发分离开

  D. 关注内部，与外部保持清晰边界

扫描左侧二维码查看本书更多测试题

目 录

引 言 颠覆管理：未来会是什么样子 001

第一部分
从硅谷模式到中国创新模式

第 1 章 数字时代的管理之变 015

旧模式：大规模生产中的效率和控制 017
变革无处不在且持续不断 020
动态能力，在动态世界中管理的关键 024
培养动态能力的 6 大核心要素 026

第 2 章 硅谷：管理创新的摇篮 035

硅谷的起源 038
生态系统中不断成长的管理思维 042
信息技术，管理的双刃剑 044

第 3 章　硅谷模式：创新和增长　047

硅谷顶尖创新企业的管理特征　048
硅谷模式 VS. 传统模式　049

第 4 章　中国：管理创新的时代典范　055

中国创新体系的演进　056
中国走向创新和增长的动因　057

第 5 章　中国创新模式：学习与超越　061

关注未来和外部的高管　063
注重创新、速度和适应性的文化　064
开放式创新和数字生态系统　065

第二部分
海尔、人单合一与谷歌模式

第 6 章　海尔：从传统企业转型为数字赢家　071

名牌战略阶段：人人都管事，事事有人管　074
多元化战略阶段：人人都有一个市场，
人人都是一个市场　075
国际化战略阶段：人人都是 SBU　076
全球化品牌战略阶段：人单合一模式正式启动　078

网络化战略阶段：采用互联网思维和“三无” 080
生态品牌战略阶段：建立可信的生态系统 082

第 7 章 人单合一：传统企业转型的范式 087

人单合一模式的关键要素 088
人单合一，管理的再发明 093
人单合一的 6 项核心原则 097

第 8 章 人单合一与谷歌模式 103

生态系统策略 107
网络化的组织 110
企业家和充满活力的合作伙伴 111
用户零距离 112
薪酬与用户付薪 113
非线性管理 114

第三部分
通用电气家电对人单合一的诠释

第 9 章 停滞不前：2016 年的通用电气家电 121

变革的诱因 123

2016 年，通用电气家电是一个机械型组织 125
不损害，关注的重心在内部 127
内部人优先，薪酬与绩效无关 129
重点是变得更精益 131
自上而下的官僚结构 132
从效率而不是用户角度进行自我优化 133
创新从内部有机产生 135

第 10 章 颠覆性转变：2021 年的通用电气家电 137

成为美国领先的家电公司 138
不再雇用更多同质的人 141
面向未来保持增长 142
领导层更具授权性和便利性 143
围绕用户需求和增长进行调整 145
创新计划激增 148

第 11 章 通用电气家电如何看待人单合一 151

制定引领目标 154
每一个决定都关注用户 155
使组织与用户保持一致 156
根据为用户创造的价值分配价值 159
培养、创建生态系统与链群 160

第四部分 百年传统企业究竟是如何成功转型的

第 12 章　5 步流程，理解转型的框架　165

5 步流程，对现实的简化建模　166
影响 5 步流程的 3 种因素　168
通过 5 步流程看变革是如何发生的　169

第 13 章　改造通用电气家电的准备　175

改变组织轨迹　177
改变的欲望，发现未满足的需求　179
全新的治理与“轻触式”指导　183
人单合一成为可行的解决方案　185
没有飞行员的飞行　188

第 14 章　通用电气家电采取的关键步骤　193

建立新小微　195
更新薪酬模式，与用户零距离　197
从一个品牌转变为品牌屋　198
更加多样和包容　200
下一步：打造生态系统和链群　202
维持转型，永不停止改变　203
危机推动我们前进　204

第五部分
揭秘传统企业转型成为数字赢家的关键

第 15 章 通用电气家电成功转型带来的新启发 209

通用电气家电成功转型的 4 个关键 212

采用人单合一的 7 个重要见解 217

第 16 章 做好元管理，做面向未来的数字赢家 225

管理模式的转变已经出现 226

从人单合一中推导元原则 229

面向未来的忠告 230

致 谢 233

Leadership For A Digital World

引　言

颠覆管理：未来会是什么样子

变革的力量似乎正在增强。2021 年下半年，我开始写作本书之时，关于需要重新思考组织结构和企业管理必要性的报告和文章越来越多。我们不难看出是什么引起了人们的兴趣——这时候的人们正在应对新型冠状病毒带来的颠覆。

例如，远程办公成了一个主要的调查问题：虚拟员工应该以什么形式继续工作？如何更好地远程管理团队？ IBM 和牛津经济研究院的研究人员调查了全球数千名高管，询问他们在后疫情时代应优先考虑和关心的问题。结果显示：约 87% 的受访者都提到了“成本管理”和“企业敏捷性”两方面的重要问题。

所有这些问题都亟待解决。但事实上，早在新型冠状病毒肺炎疫情之前，对新的管理模式的需求就已经很明显了。今天，这种需求比以往任何时候都更加迫切。而且，为了实现新时代所要求的创新性和敏捷性，许多组织将不得不做出根本性的改变，而不仅仅是一系列危机驱动下的调整。

大多数大型企业仍然在使用旧工业时代的管理模式。尽管这些企业采用了新兴技术并紧跟最新趋势，但它们本质上还是科层制的。在现代化的粉饰之下，这些企业仍建立在为可预测性和控制性而设计的系统之上。在这个万事万物皆不可预测的时代，它们往往难以有效地规划新的路线。在一个具有高度不确定性和复杂性的时代，它们的企业文化无法最大限度地提升组织的适应性和速度，也无法提高员工的创造力。

这类企业往往擅长做它们习惯做的事情。尽管有局限，但它们可能会在一段时间内取得成功。然而，这种成功持续的时间越长，它们就越有可能错过新兴的机会，越容易受到不可预见的威胁的影响。现在几乎所有行业都是全球性的，且同时在许多领域发展。这就造就了一个典型的 VUCA 环境——它是易变的、具有不确定性的、复杂的和模糊的。这对那些能够快速反应并不断创新的企业很有利。正如管理学者戴维·蒂斯（David Teece）在十几年前所写的那样：

> 如今，企业能否成功几乎不再依赖于针对已知约束（教科书）进行优化或在生产中实现规模经济的能力。相反，企业成功与否取决于能否发现和发展机遇。

在接下来的章节，我们将看到其他观察人员对蒂斯的观点的肯定。因此，企业最基本的需求是建立一种新的管理模式，以支持整个组织正在进行的“机遇发现和发展”的行动。

探索新模式

多年来，我花了大量的研究时间来寻找符合上面描述的新模式。很多企业似乎已经在使用这种新模式了。你正在读的这本书是描述这些大型企业管理新方法的系列图书中最新的一本。它所聚焦的模式非常引人注目，可能是所有模式中最有前途的一种。

◎ 在我与奥林格合著的《硅谷秘密》一书中，我确定了谷歌或 Alphabet、脸书、领英、特斯拉和推特等硅谷领先企业使用的管理模式的关键特征。这些企业的一个显著共有特点是都有保持创新精神的能力。它们的规模已经远远超过了其初创阶段的规模。它们的核心管理原则和实践虽然小有差异，但大体相似。这些相似之处足以构成一个共享模式，该模式似乎已经成为 VUCA 环境中的管理标准，本书将对该模式进行概述。

◎ 我的后续著作是《中国能超越硅谷吗》。尽管硅谷的企业一直处于改造管理模式的前沿，但很明显，它们从一开始就不是在单打独斗。进一步的研究显示，中国的一些高增长企业似乎正在使用自己改良后的硅谷模式。与《谷歌模式》一样，本书也强调了管理创新和技术创新是如何结合在一起的。新的管理模式使企业能够在快速变化的市场中开发基于技术的新产品和新服务，而新技术则使新的管理创新成为可能。

显然，中国的情况就是这样的。多年来，随着经济改革的推进，有一批创始人和首席执行官崛起，他们从根本上脱离了传统科层制的管理风格。他们的企业效益很好。《中国能超越硅谷吗》指出，其中一些中国企业可能确实比硅谷的同行更先进、更明智。书中简要介绍的中国企业包括阿里巴巴、百度、华为、腾讯和小米，以及这本新书中详细介绍的海尔。

◎ 海尔是一家规模庞大的家电企业，它能够脱颖而出有多种原因。海尔曾是一家濒临破产的冰箱制造厂，但它在张瑞敏的领导下实现了惊人的逆转，并迅速崛起。海尔在中国巨大的国内市场上取得长足发展的同时，也在向全球其他市场扩张。为了推动这一增长，海尔发明了一种全新的管理模式——人单合一。这种新模式体现了海尔对未来的展望，其中包括目前它正在进行的重大转变。

人单合一和物联网

我们可以用海尔的原话来简单描述人单合一模式：

> 人单合一模式遵循“人的价值最大化”原则，通过构建以自组织为特征的链群（生态链小微群），重塑传统的组织层级，并根据用户需求创造最佳用户体验，从而实现去中心化和去中介化。

如果不介绍背景，这个简单的总结可能很难让人理解。事实上，人单合一模式是复杂而深远的，它触及并改变了企业的方方面面，接下来的章节将提供一些相关背景介绍。

我们可以更加清晰地概括更大的愿景。正如互联网在 20 世纪 90 年代和 21 世纪初带来的商业革命一样，第二轮变革正在兴起：物联网出现了。思科系统公司发布的一份白皮书显示，十几年前通过网络连接的设备数量已经超过了世界总人口数量，并将继续增长到数百亿体量。我们已经身处物联网时代，这带来了巨大的影响。

物联网基本上由智能产品（数字化装备）和组件组成，这些产品和组件可以通过有线网络或无线网络，自动或人为地报告它们感知或控制的东西。这些东西的范围可以从机动车辆到可穿戴或可植入设备，再到智能家电和智能室内设备。随着物联网的不断发展，它将人、技术和组织更加紧密地联系在一起，还可以使它们与物联网不断地、快速地进行交互。

作为家电制造商，海尔自然对物联网时代的可能性有着浓厚的兴趣，而人单合一模式是海尔的新时代战略的关键。这是一种“零距离”模式，旨在减少并最终消除智能产品的创造者和使用者之间的界限。

通用电气家电的转型

为了清晰地呈现整个图景，本书后面几章描述了人单合一的原则是如何帮助一家拥有 100 多年历史的美国企业实现转型的。2016 年，海尔收购了通用电气家电。通用电气家电曾是通用电气的旗舰部门。在被出售给海尔之前，通用电气家电已经开始试验创新和产品开发的新方法。通用电气家电旗下的 FirstBuild 是整个试验的关键，在这里，产品设计师和制造商社区与试点客户互动，以创建和测试新的设备概念。

然而，如果前沿实践仅仅存在于组织内部的一个孤岛上，它们就无法真正扎根。被海尔收购之后，整个通用电气家电都成了引进和不断完善人单合一模式的试验场。我将在本书中全面分享这个独特的故事，世界各地希望及时改变自家企业的管理者都能从中获得深刻的教训和启示。

在本书中，我将结合管理图景的宏观视角及对不同管理模式在特定企业中如何运作进行近距离分析，为管理的未来提供一个简明而透彻的解析。得出这样的解析是有可能的，因为在领先的企业中，尤其是在海尔和通用电气家电中，未来正在被创造。

本书分为 5 个部分，具体内容安排如下。

◎ **第 1 章：** 本章汇集了管理专家的观点，他们解释了为什么传统的机械型组织不能满足当今商业环境的要求。我们引入了动态能力的概念，这是企业在动态的、不断变化的市场中蓬勃发展所必需的。然后，我们探讨了在数字经济中支持动态能力所必需的一些关键要素。

◎ **第 2 章：** 硅谷的领先企业一直是管理创新的标准制定者。通过追溯硅谷的历史，以及早期科技企业所采用的原则，我们将了解这些企业是如何以及为什么会到达现在的地位的。

◎ **第 3 章：** 本章介绍了部分大企业使用的管理模式的共

同特点，并将硅谷模式与其他许多企业仍在使用的传统的机械型组织模式进行了比较。

◎ **第 4 章：**中国的经济改革以及随之而来的政府的扶持政策和开放型经济的快速增长，有助于孕育采用新管理方法的新企业。

◎ **第 5 章：**我们回顾了 6 家领先的中国企业所使用的管理方法的关键要素，这些要素与硅谷模式比较接近，但在某些方面可能更具颠覆性。其中，海尔尤为突出。

◎ **第 6 章：**海尔并不是一家新兴的物联网创业企业。它是一个成熟的制造商，也是“白色家电”这种传统消费类产品的世界市场领导者。难能可贵的是，过去 40 年来，它一直在市场上保持着自己的地位，并逐步将自己转变为一家前沿的、基于平台的技术企业。这一章追溯了海尔转型的各个阶段，解释了每个阶段的必要性，以及它们是如何促进人单合一这一革命性理念诞生的。

◎ **第 7 章：**我们将深入介绍海尔全新的、仍在不断发展中的人单合一模式，它将系统重组与数字技术相结合，释放了人的力量。

◎ **第 8 章：**我们将人单合一模式与谷歌模式进行了细致比较。我们发现，这两种模式在基本原理上非常相似，但在实际应用层面上有所不同，而人单合一模式更具颠覆性。

◎ **第 9 章：**当海尔在 2016 年收购通用电气家电时，后者还是一家采用陈旧管理方法的美国公司，这种方法会阻碍创新和增长。这一章直接引用了我对通用电气家电的高管和核心员工的采访，讲述了通用电气家电的转型故事。

◎ **第 10 章：**为了呈现转型前后的变化，这些高管和核心员工描述了通用电气家电在应用海尔人单合一模式之后发生了多么巨大的变化。

◎ **第 11 章：**本章将深入探讨通用电气家电的转型是如何实现的。海尔全球扩张的一个关键指导方针是本土化运营，这意味着地方子公司的每个方面都应该与生活在该地区的人相适应，并尽可能由他们进行创造。因此，通用电气家电的领导者将告诉我们，他们是如何看待人单合一模式的，以及他们为什么认为可以将其应用于自己的公司。

◎ **第 12 章：**本章回归理论层面，介绍了我为分析和理解管理创新的扩散情况，以及组织变革和转型而开发的一个概念框架。

◎ **第 13 章：**渴望新的管理方法是一回事，真正实施这种方法是另一回事。通用电气家电的领导者将描述他们接受变革和采用人单合一理念的最初阶段。

◎ **第 14 章：**本章将逐步概述通用电气家电是如何转型

的，它迄今为止已经取得了哪些成就，以及未来会是什么样子。

◎ **第 15 章：**本章主要借鉴通用电气家电的经验，对其他企业可能出现的情况进行了讨论，其中有一节专门为希望在企业转型中采用人单合一模式的管理者介绍了需要牢记的关键点。

◎ **第 16 章：**本章回顾并强调了本书的核心内容。

现在，我们可以进入第 1 章了。这一章解决了两个基本问题：为什么需要新的管理模式？哪些新的核心能力是必要的？

Leadership For A Digital World

第一部分

从硅谷模式到中国创新模式

Leadership For A Digital World

第 1 章

数字时代的管理之变

如果回顾过去250年的历史，那么将当前的时代称为“不断发生颠覆性变革的时代”似乎有些奇怪，因为技术和商业的变化对先人的影响显然比对我们的影响更大、更深刻。

从蒸汽机到工厂系统，由技术和组织创新推动的第一次工业革命打破了数百万人的基本生活模式。以前的社会主要由农民和手工业工人组成，如今的社会变得高度城市化和机械化，生产商品的数量远超从前。从19世纪末到20世纪初，第二次工业革命加剧了第一次工业革命带来的颠覆。这一时期，自动化和大规模生产到达了新的高度，同时也出现了新的动力来源，及新的交通和通信方式：电力、汽车、飞机、无线电和电影。许多著作者描述了这些时代的巨大变化。

相比之下，个人一生中经历的变化似乎显得有些微不足道。过去和现在有一些显著的不同之处。正如管理专家加里·哈默（Gary Hamel）所写的那样：“变革本身已经发生了变化。”商业环境的变化比过去更快。竞争性挑战的形式不同，对企业的要求也不同。这对管理层产生了巨大影响。大多数大企业仍在使用在前工业时代发展起来的管理模式，但这种模式已经无法满足今天的要求。

本章将追溯这种已经过时的管理模式是如何出现的，并描述它的关键特性。然后，我们将看到变革本身是如何改变的，以及新时代对新的管理方法的要求。

旧模式：大规模生产中的效率和控制

从 19 世纪下半叶到 20 世纪初，即工业革命的第二阶段，是企业真正得以发展的时期。在此期间，大型、多据点的石油企业和钢铁企业、远途铁路企业，以及越来越多的大众市场制造商和零售商等新巨头纷纷出现。产品流动程度是前所未有的。这些企业如今的目标是销售各种各样的产品——鞋、灯泡、汽车、加工食品……

因此，工业时代的管理模式形成了，它被用来指导和协调这些企业，以提高效率和控制大规模生产。企业的确是在创新的基础上进行竞争的，它们试图开发出顾客喜欢的产品。但最终出现了一种针对特定类型产品的主导设计。从那时起，成功的关键就是以尽可能快的速度、尽可能低的成本制造更多相同规格的产品。通过这种方式蓬勃发展起来的企业有许多，比如，早期生产手机的爱立信、生产阿司匹林的拜耳以及生产 T 型车的福特。

那个时代的管理模式是围绕以下特征建立起来的，这些特征在今天仍然具有代表性。

◎ 由高层管理人员组成的小团体做出战略决策。

◎ 企业目标定义明确，但观点通常很狭隘。典型的例子是，福特宣称的目标是以更低的价格生产实用的汽车，“你可以选任何车身颜色，只要它是黑色的”。

◎ 根据控制和效率的标准来评判和奖励各级员工的绩效。企业理想的员工是那些按照企业标准执行命令并达到目标的人。

◎ 严格规定工作角色和流程，明确员工应该做什么以及如何做。

◎ 科层制结构将这些系统锁定在适当的位置，并允许分支管理层监视和控制每个方面。

亨利・明茨伯格[①] 在描述这种管理模式时把它称为“机械型组

① 亨利・明茨伯格是极具影响力的管理大师，他的《管理工作的本质》一书是经理角色管理学派最早出版的经典著作。它全面阐释了明茨伯格对管理工作的观察与研究。其中文简体字版已由湛庐引进、浙江人民出版社于 2017 年出版。——编者注

织模式”。这种模式非常擅长按照既定程序工作，并且确实能让一家企业像机器一样运行，以可预测和可靠的方式重复相同的任务。但是，当任务是改变型任务时，比如看到有新的市场打开就快速转向它，开发新产品或商业理念，并动员周围的人，机械型组织模式的优势就会变成劣势，示例如下。

◎ 由于战略高层人数不多，而且可能倾向于继续实施以前成功过的战略，因此他们可能会忽视或低估新的威胁和机会。亨利·福特让福特公司专注于生产 T 型车的时间太久，尽管该公司后来有一些起色，但它失去了市场领先地位。诺基亚专注于塞班系统的时间太久，从市场领先地位不断下跌，最终完全退出了市场。

◎ 为了追求灵活性和速度，企业很难调整僵化的科层制结构。

◎ 更糟糕的是，这类结构中的员工习惯在狭窄的渠道中思考和行动。企业敦促员工专注于当前的业务，在一定程度上阻碍了他们按照新思路进行思考。这可能会限制企业的发展，而且有许多员工也不喜欢这样思考。从年轻的专业人士到高管和顾问，人们都抱怨官僚文化扼杀了创新、令人不快且缺乏动力。伦敦商学院的研究人员朱利安·伯金肖（Julian Birkinshaw）用尖锐的措辞总结了这些看法，称今天的大多数型大企业是“令人痛苦的地方”，在那里“恐惧和不信任无处不在”“创造力和激情受到压制”。

可能有人会说，大型企业往往会快速采用或至少会尝试新的管理工具，追随新的趋势。然而，如果这些工具和趋势主要作为现有科层制基础设施的附加组件加以应用，那么它们将无法从根本上使企业实现现代化。也有人认为，尽管许多企业使用了过时的管理模式，但它们仍然可以表现良好。这有点像是假设一辆非常旧的汽车或设备将无限期地继续运行，仅仅因为它现在是完好的。2009 年，哈默召集了一个由知名首席执行官、学者和顾问组成的小组，他们一致认为旧模式存在的日子已经不多了。他们提出了一系列重大变革，这些变革内容发表在《哈佛商业评论》上的《管理层的登月计划》(*Moon Shots for Management*）一文中。在这篇文章的总结中，哈默简单地写道：“明天的商业需求不在今天机械型组织的管理实践的绩效范围之内。”

现在让我们来思考一下，为什么随着商业环境的变化，我们要继续寻求新的管理方案。

变革无处不在且持续不断

在工业时代，企业不得不应对巨大的、急剧的变化，如电力的采用，并从中获利。然而在当今世界，这类变化相对较少，而且发生得更为缓慢。此外，当强大的竞争对手出现时，人们更容易看到主要的竞争问题，并追踪竞争的进展。例如众所周知的修建铁路的竞争，或者早期电力工业中交流电和直流电之间的系统大战。

今天的竞争环境有着不同的特点。正如理查德·佛罗里达（Richard Florida）所描述的那样，变革“无处不在且持续不断”。因此，竞争不再是激烈的正面战，而更像是游击战。几乎每家企业都被不可预测的创新、市场变化和其他事件所包围，这些都会使长期可靠的战略迅速过时。此外，新的竞争对手可能不知从何而来。多年来，美国酒店业一直由希尔顿、凯悦和万豪等大型连锁酒店主导，直到一家新型企业迅速成为市场上的重要参与者。它就是爱彼迎，它最初是一家不知名的初创企业，因为其创始人经验不足，所以一开始就失败了，但在他们找到了一个成功的模式后，企业迅速“起飞”了。

我们无法用单一因素解释商业世界为何会处于持续和不可预测的变化状态。琳达·格拉顿（Lynda Gratton）的著作《转变》（*The Shift*）描述了塑造未来工作的几大力量：技术、人口与社会、全球化和能源。每种力量都可能是变化之源，它们相互作用、相互结合。下文将展开介绍它们。

技术。技术变革是呈指数级的，这个说法并不完全正确。一些技术，比如计算机芯片技术，已经变得非常强大，而另一些技术只是在渐进发展。但是，由于组合效应和乘数效应，技术的整体影响可以非常迅速地扩散。麻省理工学院的科学家、发明家尤金·菲茨杰拉德（Eugene Fitzgerald）指出了两个经常被忽视的事实：大多数产品并非由单一技术组成的，而是新旧技术的结合。与此同时，几乎任何一项技术都有多种可能的用途。此外，他指出，技术还可以与不同的商业模式和市场应用相结合。

有一些例子表明，如果将这些影响综合起来，就可以导致一连串的变化。早在微处理器发明之前，电话就已经被发明出来了，在将近一个世纪的时间里，没有微处理器，电话也能工作得相当好。但是，在移动电话商业化之后，微处理器芯片和其他技术的进步迅速改变了电话。在21世纪初，手机从一种语音通信设备发展为一种多功能产品，因此很多人不再需要照相机、便携式音乐播放器、闹钟等。与此同时，计算机和网络技术在股票交易和外科手术等领域得到了广泛应用。随着世界上越来越多的人将越来越多的技术结合在一起，变化的速度成倍加快，并且仅凭这种单一的力量，商业世界就会变得不可预测。

人口与社会。每当人们的行为发生变化时，商业世界都会受到影响，而且变化的形式多种多样：他们的生活方式、价值观，以及他们愿意或不愿意购买什么和做什么。请想想爱彼迎的迅速崛起，该公司利用网络平台进行交易，但互联网技术只是其中一个促成交易的因素。爱彼迎的商业模式最终取决于人。这家公司出现在现代社会，许多房主愿意将部分房屋出租给旅行者，而更多的人愿意住在这样的民宿里。

人口与社会的变化往往是渐近式的，但其累积效应可能会相当迅速地显现出来，并可能影响消费者和工人的行为。例如，自第二次世界大战以来，经济增长使世界上更多的人更加富裕。正如长期开展的世界价值观调查（World Values Survey，WVS）所显示的那样，繁荣与价值观的变化相关。按照马斯洛需求层次理论，人们的需求是不断上升的。用该调查中的话来说，人们从“生存”心态转变为更重视“自我表达”的心态。佛罗里达的书《创意阶层的崛起》（*The Rise of The Creative Class*）描述了这种转变对美国的一些影响。其中一个案例提到，受访者的家乡很少有年轻人愿意接受培训，从事机械师这种拥有高薪的岗位，而想通过培训成为发型师的年轻人却有很多，他们觉得这是一种收入较低但更具创造性的岗位。这对市场需求的影响也是很大的。

近几十年来，中国已成为人口和社会变化的一个巨型研究案例，数亿人摆脱了贫困，其中许多人过上了相当于西方中产阶层的生活。在接下来的章节中，我们将更深入地探讨中国的变化。

全球化。这是一个显而易见的因素，因为我们都可以看到，一个相互关联的世界是如何带来高度竞争和波动的。从造船业到炼钢业，再到制衣业，众多的主要工业都已大规模地从西方国家转移到亚洲国家或地区。随着世界各地越来越多的人接受大学教育、进入科学技术领域，供应链和创新都形成了全球化。全球化还创造了市场机会，因为那些生产新东西（包括新的消费品和新的融资方式等）的企业发现，他们可以在全世界销售他们的产品和服务，并在国际上扩张。

能源。这一因素涉及日益增多的环境问题。气候变化已成为影响许多行业的紧迫问题。在监管机构的压力下，汽车企业急于改变他们销售的汽车类型。在太阳能电池板制造商蓬勃发展的同时，石油生产国必须找到新的收入来源。气候问题造成的自然灾害和移民现象开始扰乱社会秩序，更剧烈的变化即将出现。

最后，这些变化的各种来源持续地相互作用，形成了众所周知的VUCA 世界。所谓的“下一个大事件或大威胁”，可能来自任何地方。

动态能力，在动态世界中管理的关键

人们对如何在 VUCA 世界中生存和取得成功进行了多次反思。

20 世纪末，有两种常见的理论认为，企业可以通过选择正确的行业并在其中做好定位来实现战略差异化，例如，通过波特五力模型；或者，通过识别和开发企业独特的资源和核心能力（也称为"核心竞争力"）。但正如研究人员多萝西·伦纳德·巴顿（Dorothy Leonard Barton）所指出的那样，核心能力可能会变成"核心僵化因素"，在变革时期抑制适应力。

戴维·蒂斯和他的同事提出了一个更基本的观点，即当今的企业需要具备动态能力。他们对动态能力的正式定义是：

> 一个组织及其管理层整合、构建和重新配置内外部资源，以应对快速变化的环境的能力。

随后，蒂斯在实践中进一步阐明了这个定义。他说，动态能力包括三种基本活动：感知、捕捉和转化。

- ◎ 感知意味着识别、理解机会和威胁。
- ◎ 捕捉是指调动资源，并从这些机会中获取价值。
- ◎ 转化是指持续更新。也就是说，不断为即将到来的下一个机会以及周期性的重大战略转变重新调整企业的方向。

这三点定义了一家企业必须具备的能力，引出了一个更深层次的问题：为了拥有动态能力，企业需要具备什么样的潜在管理要素？以下答案来自我的研究，以及众多学者、顾问和观察者过去所做的工作。

培养动态能力的 6 大核心要素

如果把众多见解结合起来，我们就可以发现企业应该而且确实需要具备 6 种核心要素。

以人为中心（以人为本）的方法。多年来，许多企业使用的口号或广告都在说："人是我们最重要的资产。"挑战在于如何按照这一原则行事，而不在于空喊口号。在一个瞬息万变、充满不确定性的世界里，如果企业真的以人为本，员工确实就会成为最重要的资产。高效的生产设备和巨额现金储备等资产也非常重要，但它们无法创新。创新是由人完成的。因此，在管理员工时，企业必须采用一种允许并鼓励他们创造企业所需的新解决方案的方式。

研究人员发现，人们希望也需要有创造力，并且在能够发挥其技能的环境中发挥创造力。企业可以提供这种环境，比如为员工安排适合其内在激情、动机和关键优势的职位。以人为本的企业还试图建立简单、明确的结构，并只在需要的时候才会有常规，其余时间都会给予员工自由和职权进行自我实现。管理层的作用包括：支持员工，帮助他们发展自己的想法；设定文化基调，制定激励每个人继续创新的奖励制度；提出强有力的共同愿景，激励员工为了企业的主要目标进行创新。一家能充分发挥员工创造力的企业，就像一个流动不受阻碍的河流系统，在这个系统中，工作流和思想流会更加有力地汇集在一起。

一个不断变化的组织。当商业环境中的变化或问题变得明显时，企业才做出反应是不够的。在很多情况下，到那时为时已晚。柯达的研究人员开发了数码摄影的关键技术，但公司却抵制将数码相机推向市场，直到许多其他公司都这样做了才不得已而为之。柯达的领导人担心新产品会影响公司的胶卷业务，并认为数字浪潮可能只是一时风尚。最终，当新产品进入市场时，柯达想要盈利已经太迟了，胶卷业务最终还是被摧毁了。

管理学者肖纳·布朗（Shona Brown）和凯瑟琳·艾森哈特（Kathleen Eisenhardt）在其合著的《边缘竞争》（*Competing on the Edge*）一书中指出，企业必须始终积极主动地进行变革。她们描述了上述变革的两个层次：预测和领导。预测意味着发现环境变化的早期迹象，然后通过创建战略选择和安排所需的资源为其做好准备。领导就是采取“迫使其他企业效仿”的行动。为了实现这一点，我强调了注重不断变化的思维方式、半结构化的组织、沟通的频率（包括横向沟通），以及在产品开发等领域使用的具体方法和工具的重要性。

一个灵活的组织。充满活力的企业可以说是一手抓着当前业务，另一只手则在规划未来。从技术角度讲，它们可以同时“利用”和“探索”，即利用现有业务线获得最大回报，同时探索潜在的新收入来源。将这两种功能结合起来并保持平衡是一项艰巨的任务。过去，许多大企业通过将二者分离来追求双元性，让运营部门专注于现有业务，研发中心则专注于重大创新。然而，到了 20 世纪末，这种方法逐渐淡出人们的视线。其中一个原因是，企业往往难以将研发中的创新转化为实际应用，结果是，他们只能看着竞争对手模仿或更成功地应用这些创新。

> 虽然贝尔实验室发明了半导体，但第一家推出硅基晶体管的公司是一家油田服务公司——德州仪器。虽然 IBM 开创了关系型数据库（relational database）的概念，但它已经将市场领导地位拱手让给了甲骨文。虽然施乐公司斥巨资资助了用户界面技术的创新工作，但苹果和微软却攫取了这些利润。

作家兼企业顾问史蒂夫·丹宁（Steve Denning）后来指出，依赖内部研发中心的体系存在一个基本缺陷：

> 将研发视为独立于生产的功能的想法已经过时。研发只是创新的一项投入。对企业未来所依赖的创新而言，研发支出是一个糟糕的衡量标准或决定因素。

本书的后续章节将展示硅谷和中国的创业企业如何设计出新的方法来实现双元性。尽管内部研发实验室在许多这样的企业中仍然可以发挥作用，但它们已经将“探索”功能更有机地整合到整个组织，甚至是更大的生态系统中。

一个与周围环境建立联系的开放组织。如今，充满活力的企业已经超越了“非我原创”的心态。在这种心态下，企业对利用其他企业研发的创新几乎没有兴趣。相反，它们有“开放”的边界，将企业视为与外部各方交流和发展想法的工具。1988 年，两位著名的商业学者提出了如下警告：“未能利用外部研发技术的企业可能会处于严重的竞争劣势。”

尽管长期以来，出于特定用途而将外部技术用于自家产品的做法已经很常见了，但充满活力的企业做得比这更多。这些企业以多种方式为创新建立网络和合作伙伴关系。它们资助大学的研究、投资或收购初创企业，或者与多方联盟合作——谷歌的安卓操作系统就是由开放手机联盟（Open Handset Alliance）[①] 开发的。这些相关方的交流方式可以是非正式的接触，也可以是正式的战略合作。

这些开放化和网络化的形式在多年时间里占据了主导地位。提出了“开放式创新”这一概念的亨利·切萨布鲁夫（Henry Chesbrough）将其描述为一种主要的战略方法。他指出了企业应该变得更加开放的几个原因，其中有一个经常被认为是太阳微系统公司（Sun Microsystems）联合创始人比尔·乔伊（Bill Joy）所说的：“公司外部的聪明人总是比公司内部的聪明人多。”切萨布鲁夫还指出，随着产品生命周期的缩短和上市速度的加快，从外部资源中采纳想法并将其整合到产品开发中，可以帮助企业保持领先。在后面的章节，我们将看到海尔及其子公司通用电气家电，把开放式创新作为管理理念的核心部分，并且一直在扩大开放式创新的影响范围。

一个系统的方法。商业理论家埃里克·瑞安曼（Eric Rhenman）对此的解释是：

> “系统”是具有特定属性的组件的集合，各组件之间以及这些组件的属性之间存在联系。

---

① 谷歌于 2007 年主导并组建的一个全球性联盟组织，主要为谷歌的手机操作系统或应用软件提供支持。——编者注

要想真正充满活力和创新性，企业必须采取“系统的方法”。这样能确保管理者了解企业的各个方面如何协调一致，以实现主要的战略目标。

图 1-1 展示了一个从系统角度进行可视化的组织。在该系统中，关键要素包括：企业的愿景和使命、董事会和管理团队、企业文化、日常管理人员、员工、组织结构和流程、绩效评估系统、晋升和认可系统、学习系统，以及企业的品牌和企业沟通。我们围绕企业的主要战略意图，将各要素排列成一个圆环。其中，“或”意味着战略意图可能会有所不同，这取决于企业认为什么是最重要的。一家传统的大企业会追求效率和控制，其目标通常是短期利润最大化。一家充满活力的企业会强调创新，其目标是实现持续增长。

我们在硅谷和中国考察的企业都是以创新为导向的。正如我们将看到的，它们的所有系统元素都围绕这个主要目的进行了调整。

数字技术。充满活力的企业往往会集约利用先进的信息技术，以发挥几个关键作用。正如学者霍马 · 巴拉米（Homa Bahrami）所指出的那样，它们让整个企业的人能够不断地相互沟通并相互提供最新信息，从而减弱中层管理人员作为监督者和中间人的必要性。其他信息技术被用于分析数据和开发新产品，这使“感知”和

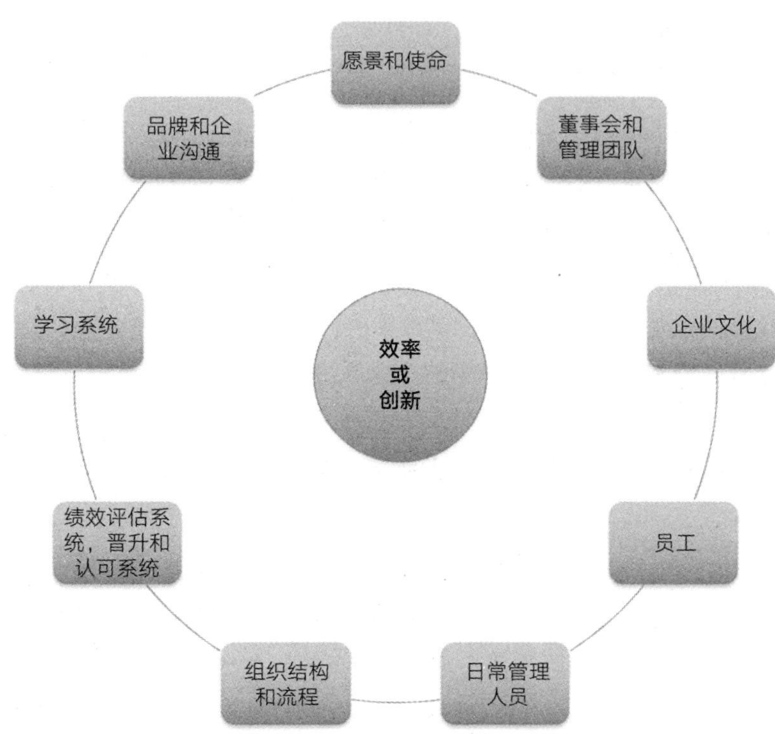

图 1-1　一个从系统角度进行可视化的组织

资料来源：Steiber. A. (2014). *The Google model: Managing continuous innovation in a rapidly changing world.* Springer Science & Business Media.

“捕捉”活动变得更加容易。此外，先进的信息技术通常被嵌入产品本身，甚至可以被用来让企业与其终端用户保持联系。由于这些方面，领先企业的管理方式能够最大限度地发挥数字技术带来的全面优势。

在本章我们对新的管理模式进行了深入研究，阐释了为什么传统的机械型组织模式不再能满足当今世界的需要，并初步概述了新的管理模式下企业应具备的各种能力。

还有更多的探索将陆续展开。后面的内容将直接把我们带到更深入的主题中和第一线。在那里，真实的人、真实的企业正在应用新的管理模式。首先，我们将“重访”硅谷。其次，再“重访”中国的创新型企业。回顾这些内容将让我们准备好重点关注海尔及其人单合一模式，然后关注通用电气家电的转型。

管理清单

LEADERSHIP FOR A DIGITAL WORLD

1. 机械型组织模式注重成本效益和控制，是工业时代典型的管理模式。采用这种模式的优势是，企业能够重复、可靠地执行复杂任务。然而，当任务是改变型任务时，这种模式则会成为改变的障碍。

2. 动态能力是在动态世界中做好管理的关键。根据戴维·蒂斯等人的说法，企业现在必须具备动态能力。这种能力包括 3 个基本活动：感知、捕捉和转化。感知市场或竞争格局的早期变化，快速捕捉新机遇，并不断转化企业以迎接更多变化。
3. 建立动态能力有 6 大核心要素：以人为中心（以人为本）的方法，一个不断变化的组织，一个灵活的组织，一个与周围环境建立联系的开放组织，一个系统的方法，数字技术。

Leadership For A Digital World

第 2 章

硅谷：管理创新的摇篮

硅谷以技术创新而闻名，但多年来，它也一直是管理创新的摇篮。开发新的管理模式在一定程度上是出于必要。硅谷的基础产业——电子与信息技术，从一开始就发展迅速，并且不断变化。要想蓬勃发展，企业必须具有灵活性和创业精神，不仅要对变化做出反应，而且在许多情况下还要主动求变，通过快速动员来创造新产品和抓住新的市场机会。

硅谷的企业一直在重复这种操作。如今，苹果是手机的品牌领导者，而大多数手机都使用谷歌的软件。然而，两家企业在移动通信领域都没有根基。苹果最初的成功建立在个人电脑上，而谷歌的最初成功则建立在互联网搜索上。它们都通过快速进入移动技术领域并担任领导角色展现了自己的动态能力。

很难想象这些企业在旧的机械型组织模式的管理下是否还能取得如今的成就。当我们观察硅谷的其他大型企业时，情况也是如此，例如在社交媒体中占据主导地位的脸书。在 2021 年中期，其核心网站的月活跃用户数超过 28 亿，超过世界人口的 1/3。尽管要面对来自其他社交媒体的一波又一波竞争，脸书还是发展到了今天的水平。在其发展的大部分时间里，脸书的座右铭一直是“快速行动，打破现状”（Move fast and break things）。这句座右铭一直告诉员工：如果你看到更好的方式，不要犹豫，要立即挑战或改变。这样的信息肯定不会出现在一家采用传统的机械型组织模式进行管理的企业的墙上。

本章将展示硅谷企业已经发展完善的管理模式，它在许多方面都与机械型组织模式截然相反。本章借鉴了我之前对谷歌、脸书和特斯拉等领先企业的研究。这类企业按照硅谷模式运作，其结构与传统的机械型组织不同。正如巴拉米在早期（1992 年）对硅谷的一项研究中所报告的那样，这些企业倾向于使命令和控制的层级最小化，每个部分更像是围绕着一个企业中心组织起来的“联盟”或业务单位集群。所有部分都扮演着特定的角色，但它们共享专业知识并进行协作，而且大部分结构可以快速调整定位以发展新的项目。

然而，组织结构并不是唯一的区别。这种采用新管理模式的企业在领导风格、企业文化和所吸引的人才类型方面都与旧模式有所不同。所有这些反过来都是由不同的战略重点所驱动的。机械型组织模式旨在控制和最大化企业现有资产，而硅谷模式旨在实现创新和增长。从根本上说，硅谷模式更具前瞻性，因此更适合不断走向不确定的未来的世界。

至于硅谷模式是不是最佳模式，这是另一个问题。正如我们将在后文看到的那样，一些中国企业已经采用了先进的管理方法，比如海尔的人单合一模式正在给通用电气家电带来极具前景的结果。然而多年来，硅谷模式一直是标准制定者。它体现了一种理念：企业在发展壮大时需要保持创业精神。它所依据的原则似乎是合理的。事实上，中国当下兴起的模式在很大程度上受到了与此相同的原则的启发，并以新的形式落实了这样的原则。

因此，很有必要回顾一下硅谷模式的发展历史和组成部分。后文将追溯其发展背后的故事。在这个过程中，我们可以看到硅谷自身（非常）简短的历史，社会和技术因素都在塑造这种模式中发挥了作用。然后，我们将对该模式进行概述，并逐项比较，展示它是如何脱离传统的机械型组织模式的。

硅谷的起源

许多人认为硅谷是随着 1939 年惠普的创立而诞生的。惠普后来变得规模庞大而有影响力，直到今天依然非常活跃。比尔·休利特（Bill Hewlett）和戴维·帕卡德（David Packard）最初工作时使用的简陋车库，如今已成为一座地标性建筑，人们宣称它是“硅谷的诞生地”。但事实上，在这片广阔的加利福尼亚山谷中的电子产业始于百年前（1909 年）成立的另一家公司。促成这家公司诞生的力量形成于更久远的 19 世纪 40 年代。

当时，加利福尼亚州基本上是一片荒野，没有受到工业革命的影响，也远离大城市。实际上，当时的加利福尼亚州是墨西哥的领土，其覆盖的沿海面积比意大利还大。然而，据大多数人估计，整个区域的居民不超过几十万人，其中大多数是居住在分散村庄的土著居民，还有一些传教士、牧场主和各种各样的冒险家。

1848 年美墨战争结束时，加利福尼亚州被割让给美国，随后人们在加利福尼亚州北部的山丘中发现了金矿。从 1848 年到 1855 年，淘金热将大约 30 万名移民带到了这个地域广阔、基本上仍无人治理的地区。当然，其中有许多是希望找到黄金的探矿者，但更多的是围绕这项活动开展自己事业的企业家。淘金热对当地居民来说是一场灾难，他们经常被赶出狩猎场和种植场，甚至因试图拒绝而遭到杀害。与此同时，一种独特的体验在等待着新移民。

许多新移民来到了这片土地，按照那个时代的新式标准，这里是一片空白。他们发现这里几乎没有基础设施或社会秩序。除了开办企业及修建道路和建筑，他们还必须创建公共机构、服务以及正式或非正式的合作体系。大部分的建设工作在旧金山湾地区展开，那里有最好的港口，非常靠近金矿，适合从海上来的人。人们忍不住预测，在未来几十年里，旧金山湾将从一个小小的海滨前哨发展为一个新兴的大都市。但这并不是一件简单的事。一切都必须经历想象、创作，然后变成现实。对所有参与其中的人来说，这是一次终极的创业实践。

事实证明，新移民胜任了这项任务。马克·吐温在他的旅行回忆录《苦行记》（*Roughing It*）中生动地描写了淘金热参与者：

> 这是一个了不起的群体，因为所有那些行动迟缓、昏昏欲睡、头脑迟钝的懒人都待在家里，你在拓荒者中找不到这样的人……正是这一群体让加利福尼亚州日后以令人惊叹的企业而闻名，人们在其中进行华丽的冲刺和冒险。

正如近代历史学家所指出的那样，整个现象为管理创新和技术创新奠定了文化基础。19 世纪中后期在旧金山湾地区确立的，后来成为硅谷模式的组成部分包括以下几个：

◎ 接受并实施宏大的、鼓舞人心的愿景。

◎ 制度和工作方法往往需要重新创建，而不仅仅是对现有体系的补充。

◎ 将人的主动性和才能视为创造新事物的关键因素。

◎ 重视人际网络的价值，以及为了创造而跨越边界的价值。

例如，在淘金热期间，合作十分常见。商人李维·斯特劳斯（Levi Strauss）来到旧金山开办了布料批发店，并与他的一位裁缝顾客合作，为矿工设计工作裤。不久，他们合作开办了一家工厂，生产拥有专利的李维斯蓝色牛仔裤，由此成就了美国历史最悠久、最成功的服装公司之一。

另一位淘金热新移民利兰·斯坦福（Leland Stanford）是现代科技高管或专家的先驱。他身兼数职，不局限于小众领域。他创办且经营着从零售业到铁路业的多种业务。他担任过一届加利福尼亚州州长。在职业生涯结束时，他与妻子共同创办了斯坦福大学。

斯坦福大学最初建在他们家位于旧金山南部的马场上，师资来自美国各地。1891 年，当斯坦福大学落成时，一些评论家嘲讽斯坦福在马场开办了一所豪华的新学校。但这是一个蕴藏着远大的愿景，并带来了巨大回报的例子。淘金热时代没多久就结束了，但斯坦福家族积累的财富为硅谷时代的崛起提供了直接的桥梁。

生态系统中不断成长的管理思维

工程学院是斯坦福大学资金雄厚的学术单位之一。1909 年，一位名叫西里尔·埃尔维尔（Cyril Elwell）的年轻毕业生在他最喜欢的教授的鼓励下，选择创办一家企业，而没有选择在一家企业工作。这家初创企业的种子资金来自斯坦福大学校长兼电气工程系主任。大学和产业界之间的密切关系将成为硅谷后来发展的一个标志。埃尔维尔的初创企业开创了重大先例。它是当时圣克拉拉谷（Santa Clara Valley）地区的第一家先进技术企业。

美国海军为制造无线电发射机而创立了联邦电报公司（Federal Telegraph Company）。这家公司的名字在今天的语境中可能会引起误解。在早期，无线电主要被视为海上船只间发送信息的媒介。埃尔维尔在丹麦了解到一种似乎是同类发射机设计中最好的设计。因此，他申请了这种机器的使用权，并聘请了丹麦工程师来帮助公司改进和制造这种体积庞大、功能强大的机器。这些人可以说是第一批来到硅谷的技术移民。

随后，更多的先例出现了。随着联邦电报公司的发展和繁荣，它雇用了著名的发明家李·德福里斯特（Lee DeForest）。他利用公司在帕洛阿尔托（Palo Alto）的设施完善了他的三元件真空管。这种紧凑型设备在之后的几年成了无线电、电视和几乎所有电子产品爆炸性增长的基础。真空管的出现使联邦电报公司原来的发射机变得过时，但这并不是一个大问题。联邦电报公司已经了解到一个支配着新兴电子行业的真理，并将其告知该行业企业的管理层：进步是不可避免的。改变是意料之中的。管理层必须意识到不断改变的环境，并为迎接下一波浪潮做好准备。

今天，人们很少听说联邦电报公司的消息。尽管该公司成功运营了几十年，但从 20 世纪 20 年代开始，该公司就不断被合并和重组，这使得其在生命周期最后的大部分时间里都默默无闻。然而，在此之前，联邦电报公司对整个硅谷和旧金山湾地区都产生了影响。员工纷纷辞职去创办新公司，其中最著名的是米罗华（Magnavox）的联合创始人彼得·詹森（Peter Jensen）。制造各种真空管的新商店在聚集，真空管业务也在扩张。

总的来说，上述因素促成了一个生态系统：在这个生态系统中，人际网络迅速扩大，而技术人员则频繁地从一家企业跳槽到另一家企业，寻找从事创新工作的新机会。这些生态效应也影响了硅谷的管理方法。通过联盟和收购，开放式创新得以蓬勃发展。最近一个值得注意的例子是谷歌。该公司的安卓操作系统是由开放手机联盟开发的；谷歌地图是利用收购而来的技术在公司内部开发的。自 2000 年以来，谷歌总共进行了 240 多次收购。

此外，生态系统中人才的流动有助于让企业认识到吸引和留住优秀人才的重要性。惠普是这方面的早期领导者之一。在发展过程中，惠普之所以能够吸引顶尖人才，原因不一定是靠高薪，而是靠一种创新文化，该文化的特点是“分散的企业结构和非正式的管理风格，强调团队合作、分担责任和创业精神”。另一位早期领导者是医疗设备公司瓦里安联合公司（Varian Associates），它现在是西门子的一部分。瓦里安联合公司在第二次世界大战后通过为“顶级研究人员提供……一个可以不受限制地进行创造的环境”，以及一种合作协议而崛起。

在对硅谷模式的研究中，所有接受采访的企业都强调吸引和留住合适的人才的重要性。一般来说，这意味着人们会对一个鼓励创新和创业的环境做出回应，我们稍后将会看到更多关于这个主题的内容。然而，我们首先要探讨一下技术的影响。

信息技术，管理的双刃剑

20 世纪 70 年代初，英特尔等用硅基芯片制造集成电路的企业如雨后春笋，硅谷由此得名。芯片中的微型晶体管使德福里斯特研发的真空管过时。这些企业开创了一个快速变化的、令人眼花缭乱的新时代。随着摩尔定律在芯片制造领域的不断应验，以更低廉的价格提供更大的计算能力，制造个人计算机逐渐成为可能。软件开始作为一个行业而兴起，它被用来创建计算机上运行的现成应用程序。然后，互联网出现了……接着是移动技术的革命，以及如今物联网的发展。

用“信息技术”来描述我们可以获得的东西似乎太狭隘了。作为一种嵌入式智能和扩展通信技术，它贯穿于人类活动的各个领域。对管理而言，它是一把双刃剑。

◎ 一方面，技术创新的步伐增强了管理创新的必要性。各个行业的企业现在都必须找到灵活的、能响应的、具有创新精神的新管理方法。
◎ 另一方面，技术创新创造了新的管理方式。巴拉米在 1992 年对硅谷进行的研究中指出，像电子邮件这样的技术进步，促使企业管理层接管了许多原本由中层管理者负责的沟通和协调工作，促成了企业管理层的扁平化。

今天，我们使用的技术远超电子邮件技术。真正处于管理前沿的企业广泛应用信息技术，不是为了让人类的工作被取代，而是为了提高人类合作的能力。

接下来，我们将转向硅谷模式的描述性总结，以及它与机械型组织模式的区别。

管理清单

LEADERSHIP FOR A DIGITAL WORLD

1. 硅谷模式是一种富有企业家精神的、灵活的新管理方式。机械型组织模式旨在控制和最大化企业现有资产，而硅谷模式旨在创新和增长。
2. 信息技术是管理的双刃剑：一方面，技术创新的步伐增强了管理创新的必要性。另一方面，技术创新创造了新的管理方式。

Leadership For A Digital World

第3章

硅谷模式：创新和增长

硅谷顶尖创新企业的管理特征

在以往的研究中，我发现创新型硅谷企业与更传统的工业企业几乎截然相反。硅谷企业的管理原则可以代表一种更适合数字经济的新型管理模式。

简而言之，硅谷模式可以被描述为：

> 新模式中的高管主要关注持续增长和外部环境。此外，新型企业寻求并促进创业和多元化技能，新模式中的文化注重独特性、适应性、快速学习，并且允许风险存在。日常领导者扮演协助者和教练的角色，进行分权式领导；促使组织结构扁平化和半结构化。创新可以来自任何人、任何地方，每个人都是创新过程的一部分。最后，新模式的沟通过程是高度自动化的。

我们将该模式与亨利·明茨伯格所描述的机械型组织模式进行比较，从而更仔细地研究所有这些特征。

硅谷模式 VS. 传统模式

我选择了 8 个关键要素进行比较。在我的早期研究中，每个要素都将硅谷的领先企业与传统企业区分开来。表 3-1 概述了这些差异，下文还将对此进行更详细的解释。

表 3-1 机械型组织模式与硅谷模式的对比

要素	机械型组织模式	硅谷模式
高管的战略意图	降低成本，实现利润最大化和控制	创新和增长
高管的主要关注点	内部	外部
员工	重视运营能力和经验	重视创业精神和适应能力
文化	强调质量控制、效率和风险规避	强调适应性、创新和速度
中层领导者	充当管理者角色，负责确定企业方向和优先事项，对工作内容和方式进行指导，并进行跟踪和控制	充当教练角色，与团队一起确定企业方向和优先事项，但将工作方式留给团队成员决定。出现问题时，支持团队

续表

要素	机械型组织模式	硅谷模式
组织	科层制，高度结构化，使用较大的单位，垂直分布决策权，权力集中在组织高层，关注内部创新	有机的、半结构化的、扁平的，大量使用小团队单位，有选择地将权力下放给当地决策者，通常是团队决策，决策权可以暂时集中到高层，注重内部和外部的创新
协调机制	通过工作流程、工作描述、技能和产出进行协调	通过令人信服的愿景、文化、简单的规则，以及关注关键优先事项的明确绩效和评估体系进行协调
沟通成本	沟通成本很低，信息可以通过传统渠道得到管理	沟通成本很高，要求沟通过程自动化

资料来源：Steiber, A., & Alänge, S. (2016). *The Silicon Valley model: Management for entrepreneurship.* Springer International Publishing.

高管：在采用硅谷模式的企业中，高管喜欢强调创新和增长的战略。在追求这些目标的过程中，他们的关注点主要集中在外部新出现的机会和威胁上，而不集中在内部。[①] 此外，高管有一种创始人的心态，会在组织内培养创业文化。在传统的机械型组织模式中，高管的战略重点主要在成本控制和利润上，关注点往往更多地集中在内部。因此，传统的高管往往具有商业或财务方面的思维方式，而不具有创始人的思维方式。这也就解释了为什么硅谷企业可能会更灵活，因为其高管在评估新业务和现有业务时都会定下基准。

① 然而，在本书所选的案例企业中，有部分企业的领导层以内部效率和外部或未来为导向，在不同的人之间划分了责任。

员工：硅谷模式需要适应性强、充满激情、敢于质疑现状和善于协作的人。这可以概括为：数字经济中的企业需要具有创业精神和适应能力的人。操作技能和技术技能仍然很重要，但由于环境的变化，它们需要不断更新，这也是快速学习受到高度重视的原因之一。在传统的企业中，招聘经理通常强调基于经验和任期的操作技能或技术技能，抑或是这两者，通常更看重员工在同一企业或类似组织和行业中的经验。

文化：在我们对硅谷模式的研究中，案例企业的受访者都强调建立和保持强大文化的重要性。而且，尽管每家企业的文化都各有不同，但它们都有着相同的基本精神。它们的文化重视独特性和产品创新，这意味着企业鼓励明智的冒险。它们也高度重视适应性和速度。在可行的情况下，企业希望员工尽快做出决策并完成任务。对任何新事物的试验通常都是通过快速的测试和短的学习周期来完成的。传统的科层制企业可能也有强大的文化，但它通常是一种重视效率、质量控制和风险最小化的文化。因此，在这些企业中，快速试验和决策很难得到认可。

中层领导者：在硅谷模式中，中层领导者的主要任务是指导团队走向卓越。领导者通常与团队一起决定方向、目标和优先事项，而且让团队成员在选择执行方式上拥有相当大的自主权。中层领导者必须善于平衡运营与创新，当然，还必须能够在出现问题时支持团队。在传统的机械型组织模式中，中层领导者更喜欢亲力亲为和自上而下的管理方式。除了设定方向和优先事项，领导者通常还会指导团队成员应该做什么、如何做，以及由谁做。

组织：采用硅谷模式的企业是半结构化的，组织形式是扁平的、非官僚的、疏松的（或有机的）。工作流程和工作定义的标准化有限，同时对小型、高度独立的团队的利用，使企业具备了灵活性和响应能力。它们把决策和战略制定的权力有选择地下放给当地人员和团队。当高管为企业制定总体战略时，或者当需要改变商业模式以抓住机遇或应对竞争对手的行动时，一种临时的层级结构就被组织起来。

传统的科层制企业并非如此。它们往往拥有稳定、正式的结构，可以容纳大型内部单位，这些单位凭借标准化的工作流程和工作描述来进行大规模运作。此外，决策权通常是垂直叠加的，高管和中层领导者要么做出关键决策，要么需要批准这些决策。

协调机制：这是两种模式存在巨大分歧的另一个领域。在硅谷模式中，企业在很大程度上依赖“软控制”，比如明确传达企业的使命和文化价值观，以创造人们与这些目标保持一致的期望。而软性的机制得到了严格的系统的支持，可以根据关键优先事项评估绩效。传统的机械型组织模式更多地依赖其高度标准化的工作角色和程序。

沟通成本： 沟通的成本在硅谷模式中是很高的，因为它需要网络化的组织、开放性和透明度。因此，为了促进沟通和信息共享，企业需要并正在使用大量的自动化信息技术。然而，在传统的机械型组织模式下，信息不能自由或广泛地共享，因此沟通成本较低。例如，大量信息是垂直传递的，其中许多信息可能被“锁定”在某些被告知要将信息视为机密的群体中。如果企业不使用自动化系统来处理不断增加的、实时的、高速的信息流，那么这种沟通方式几乎是必要的。

我们现在已经对硅谷模式进行了概念化，并将其与传统的机械型组织模式进行了对比，对后者的描述主要基于明茨伯格的著作。这一对比生动地表明，新模式在各个主要方面都与旧模式截然相反。接下来，我们将目光转向中国，在那里，新的条件和新的企业催生了与硅谷模式相似，但在某些方面可能会超越硅谷模式的管理模式。

管理清单

LEADERSHIP FOR A DIGITAL WORLD

硅谷模式在很多方面都与传统的机械型组织模式截然不同：

1. 高管在外部关注创新和增长，而不是在内部关注成本效益和控制。

2. 看重的是员工的创业品质，而不仅仅是执行命令的能力。
3. 强调速度和灵活性，而不是效率和风险规避。
4. 组织扁平化、半结构化，而不是等级化、僵化。
5. 协调是通过共同的价值观和简单的规则来实现的，而不是通过严格标准化的工作流程来实现的。

第 4 章

中国：管理创新的时代典范

中国创新体系的演进

自 20 世纪 70 年代以来，中国的一系列经济改革和政府举措推动并支持了先进技术企业的崛起。始于 1978 年的改革产生了多重效果。改革之后，企业在组建和领导方面拥有了更大的自主权，新的企业对市场供求力量的反应更加灵敏。改革还促使中国对外投资和开放世界贸易。2003 年，中国成为经济合作与发展组织（OECD）中接受外国直接投资最多的成员。

2005 年，中国实施了一项重要的新政策——“走出去”，鼓励中国企业更积极地进行对外投资，以实现平衡对内和对外的直接投资的目标。到 2014 年，对外直接投资已有 1 200 多亿美元。

2006 年，中国政府发布了《国家中长期科学和技术发展规划纲要（2006—2020 年）》，制定了在 20 年内建设创新型国家的国家战略，明确中国要重新站在世界技术创新前沿的目标。

自 20 世纪 80 年代以来，中国一直在增强创新能力。市场准入政策施行后，中国企业的学习曲线不得不从零开始。由于在技术和管理方面的经验非常有限，他们开始向西方企业学习。

据中欧国际工商学院战略学教授叶恩华和布鲁斯·马科恩（Bruce McKern）称，中国企业一开始只是模仿西方的产品和服务，然后逐步使它们适应本国市场。他们将这一阶段称为“从复制到适用”的运动。因此，中国的企业家通过改造和改进模仿的产品和服务，学会了渐进式创新的技巧。

来自外国科技企业的新竞争推动中国发展进入第二个阶段。在这一阶段，中国企业越来越强调要达到世界标准，以同外国产品开展竞争。中国目前处于第三阶段，企业的目标是技术领先。如前所述，中国企业还用赚来的钱到发达国家投资，以获得品牌、市场准入、全球人才和技术。

中国走向创新和增长的动因

正如我在 2018 年时所说，这一演变背后有几个动因。第一个重要动因是中国的文化遗产。社会心理学家吉尔特·霍夫斯泰德（Geert Hofstede）和迈克尔·H. 邦德（Michael H. Bond）认为，儒家思想是“亚洲四小龙”经济增长的背后因素，这一思想也使中国受益。他们在书中提到的儒学美德，包括“修身”“终身学习”“容错”“中庸”。儒家思想强调，基本的人际关系始于自我修养，这种自我修养使人们在创新活动中保持耐心和耐力，但这并不总能保证成功。儒家思想还强调，每个人都应该采取敏捷的学习态度，积极主动地学习。

第二个重要动因是中国的教育体系。学者樊美筠等人提出，“现代中国的高等教育首先以欧洲模式为基础，后来又以美国的学院和大学为基础，是 20 世纪中国转型的重要组成部分”。据中国教育部当时统计，2021 年中国将有 900 多万名大学毕业生。这个数字比 20 世纪 90 年代末的数字高 10 倍以上，远远超过了美国 2021 年大学毕业生人数的 2 倍。工程师数量呈爆炸式增长。同时，政府的“中国制造 2025”战略旨在让中国成为全球高科技领导者，为工程、科学和经济领域的毕业生创造了许多机会。

其他重要动因包括跨行业创新平台的建设，以及企业在新技术上的大规模研发支出。例如，中国政府推动了国家级和省级科技园区的形成和发展。到 2006 年，全中国共有 53 个国家科技园区，与之相关的高科技企业有 45 828 家。位于这些园区的企业需要创造或应用先进技术，将至少 3% 的总收入用于研发，并雇用至少 30% 的拥有大学本科及以上学历的员工。因此，一些产业集群迅速发展，生态系统中的重要参与者，如大学、研究机构和企业本身，都开展了基础研究和应用研究，以提高中国的创新速度。此外，据报道，中国为赢得全球市场增加了研发支出，因此有意识地想从竞争成本优势转向创新优势。思略特（Strategy&）发布的《2016 年全球创新 1 000 强研究报告》显示，全球前 1 000 名研发支出企业中有 130 家中国企业，这些企业的研发支出总额为 468 亿美元，比 2015 年的 394 亿美元增长了约 18.8%。2020 年，中国的研发支出更是比上年攀升了 10.3%，达到了创纪录的 2.44 万亿元人民币（合 3 000 多亿美元）。

最后，有几个宏观动因在中国走向创新和增长的过程中发挥了重要作用。这些动因包括中国庞大且日益繁荣的国内市场、市场内部的持续竞争，以及越来越多的资本获取渠道。

本章简要概述了促使中国新企业采用新管理模式的动因。接下来，我们将介绍新的中国管理模式的一些共同特征，该模式已在几家领先企业中付诸实施。

管理清单

LEADERSHIP FOR A DIGITAL WORLD

1. 中国创新体系的演进分三阶段：第一阶段，“从复制到适用”，即模仿西方的产品和服务，然后逐步使商品适应本国市场；第二阶段，强调达到世界标准以与外国产品竞争；第三阶段，企业的目标是技术领先。
2. 中国走向创新和增长的动因：文化、教育体系、跨行业创新平台的建立、企业在新技术上的大规模研发支出、庞大且日益繁荣的国内市场、市场内部的持续竞争和越来越多的资本获取渠道。

Leadership For A Digital World

第 5 章

中国创新模式：学习与超越

随着中国的发展和科技的进步，与硅谷在文化和管理方式上相似的中国企业不断出现。

事实上，海尔引起了人们对中国管理模式的关注，激发了我撰写上一本书的想法。2016年，《硅谷秘密》出版后不久，海尔的代表联系到了我。他们认为海尔遵循的是与硅谷相似的模式，在某些方面，他们的版本甚至比硅谷的案例公司还要先进。这自然激发了我与海尔的进一步交流，并引出了一个问题：是否还会有更多的中国企业使用硅谷模式的“先进”版本?

为了回答这个问题，我花了一年时间（2016—2017年）对中国创新型企业进行了研究。大部分研究集中在6家案例公司：海尔、三大互联网公司（阿里巴巴、百度和腾讯），以及快速崛起的小米，华为也在部分研究范围内。所有这些公司在管理方式上都是高度创新的，我发现它们在很多方面与硅谷的案例公司有相似之处。

关注未来和外部的高管

我发现，在中国，企业创始人仍然在企业担任高管，并在企业的成长中发挥着主导作用。创始人或高管的个人经历表明，他们在创业前就表现出了远见卓识，然后继续推动企业创新。例如，百度创始人李彦宏在美国工作时是搜索技术的早期创新者。创办百度后，他亲自改造了公司的商业模式和技术，使其成为中国最大的搜索门户网站，后来又将百度带入人工智能等领域，以实现潜在的全球扩张。

通常，这些企业的领导者在商业媒体上被誉为有远见的英雄。海尔集团董事长兼首席执行官张瑞敏被比作杰克・韦尔奇一般的传奇人物，后者曾是通用电气的传奇总裁。小米创始人雷军被誉为“新的史蒂夫・乔布斯”。

大多数中国企业都采用某种双重领导形式，创始人着眼于未来和增长机会，而他的合作伙伴则专注于企业的运营和发展。在腾讯，马化腾和刘炽平的分工相当于马克・扎克伯格（Mark Zuckerberg）和谢丽尔・桑德伯格（Sheryl Sandberg）在脸书的分工。

此外，中国企业的最高领导者还密切参与战略性商业项目。一家企业的受访者说：

首席执行官非常敬业……这一切都与业务有关，比其他任何事情都重要……首席执行官经常召开 2 ～ 5 小时或更长时间的会议。直到问题解决，他们才会离开会议室。

人们认为，这些案例企业的创始人都具有长期思维。据说，在几家企业中，创始人扮演着“传道者”或“长期方向顾问”的角色。在某些情况下，他们会推动自己的战略项目朝着大胆的愿景和使命前进。2017 年，阿里巴巴集团副总裁黄明威表示：

高管必须看到大的趋势，但也要了解行动的细节。他们需要激励团队并指出正确的方向。

黄明威还表示，阿里巴巴将东方哲学与西方技术相结合，并试图为低层团队提供创新空间。因为在快速变化的领域，企业不能靠蓝图来经营，而那些离问题最近的人才能看清什么方法行得通。

注重创新、速度和适应性的文化

中国案例企业的高管似乎在努力打造注重创新、速度和适应性的文化，而不是注重稳定和控制的文化。中国企业使用了“扁平”“协作”“开放”“创新”“打破科层制”“灵活”等术语。在招聘过程中，中国企业会寻找与硅谷求职者素质相似的人。它们使用的术语包括“创业精神”“打破科层制”“拥抱变革”“思想开放”“协作”“谦逊”“愿意挑战并接受挑战”等。

开放式创新和数字生态系统

与典型的西方企业相比，中国企业拥有更少的正式流程，因此更加敏捷、灵活。其中一个关键原因是，后者是由多个较小的业务部门来开发组织解决方案的。促进其得到大规模应用，是通过让所有业务使用相同的平台来实现的。这种结构让人想起加州大学伯克利分校的霍马·巴拉米于20世纪90年代初在硅谷观察到的方法。她的作品在前文已经提到过了，这里将进行更完整的引用：

> 新兴高科技企业的组织系统更类似于业务部门的“联盟”或“星群”，这些业务部门通常相互依赖于彼此的专业知识和诀窍。此外，它们与企业中心是一种点对点的关系。企业中心的作用是协调广泛的战略愿景，发展共享的组织和管理基础设施，并创建文化黏合剂。

此外，中国企业表现出相当高程度的二元性。它们能够快速增长，为产品添加新功能，并扩展到新的业务线，同时维持复杂的现有运营。关于人员及其工作的协调，叶恩华和马科恩发现，中国企业不倾向于使用严格定义的工作流程，而是使用基于个人和团队的奖励系统和里程碑管理系统。例如，阿里巴巴设定了销售人员的月度目标和运营团队的季度或半年目标，百度同时使用季度评估和个人发展计划。叶恩华和马科恩还发现，这些企业能够高度横向地跨部门和跨单位沟通，可以有效地协调项目和任务。此外，企业还通过员工参与、有效沟通和高管的直接干预进行协调。例如，企业内部频繁使用即时通信平台，如腾讯的微信、阿里巴巴的钉钉等，不仅是为了沟通，还是为了在特殊项目上高效合作。在一些情况下，首席执行官本人直接参与团队成员的信息传递，向战略项目团队提供反馈。

最终，中国的案例企业都接受了开放式创新和生态系统的影响力。咨询顾问保罗·纽恩斯（Paul Nunes）和拉里·唐斯（Larry Downes）在福布斯网站上撰文写道：

> 海尔已经全面采用了开放式创新模式，这是海尔持续进行的从传统制造企业转型的一个方面。长期担任首席执行官的张瑞敏将公司的新形象视为一个互联网平台，支持名为“小微”的自主运营单位，这些单位可能部分或完全独立于海尔。

腾讯、阿里巴巴、百度和小米也完全采用了开放式创新和生态系统。事实上，麦肯锡在 2021 年 10 月表示，中国拥有世界上发展得最快的数字生态系统。以下事实可以说明这一点，仅海尔一家企业就有 4 000 多家小微与海创汇（HCH）创业加速器平台相连。这些生态系统是通过互联网、云计算、大数据分析、人工智能和区块链等技术实现的。

在我调研的所有中国企业中，海尔的转型最引人注目。接下来的几章将全面讲述海尔的发展历程，追溯海尔的战略发展及人单合一这个革命性的管理模式。

管理清单

LEADERSHIP FOR A DIGITAL WORLD

中国企业与硅谷顶尖创新企业管理原则的相似之处：

1. 受益于富有远见和创业精神的创始首席执行官的长期领导。
2. 提倡强调创新、速度和适应性的文化，并招聘具有相应素质的员工。
3. 在优化现有业务的同时，也显示出了探索和发展新业务线的相应能力。

4. 采用相对扁平和灵活的管理结构进行组织。
5. 使用各种非科层制的方法来协调员工和资源。
6. 积极采用开放式创新和生态系统方法。

Leadership For A Digital World

第二部分

海尔、人单合一与谷歌模式

Leadership For
A Digital World

第 6 章

海尔：从传统企业转型为数字赢家

海尔在近 40 年的时间里不断转型。下文将介绍该公司的主要发展阶段，每个阶段都为公司带来了新的见解，这些见解最终助力了公司当前管理理念人单合一的发展，而这一理念又被世界各地的其他公司所采用，如美国的通用电气家电和日本的富士通。海尔的故事之所以格外令人感兴趣，是因为它并不是一个典型的转型故事，具体来说，原因有以下几点。

◎ 海尔并不是数字公司。它是家电行业的市场领导者，而家电行业通常被认为是传统经济产业。

◎ 海尔有着庞大、复杂的组织架构，拥有约 10 万名员工，业务遍布世界各地。

◎ 尽管海尔面临许多变革障碍，但在创始人张瑞敏旨在让海尔成为物联网时代最优组织这一愿景的推动下，海尔近 40 年来一直在不断演进和转型。

◎ 最重要的是，海尔取得了成功！

上述原因赋予海尔的故事一种可信度，其他公司很难因为规模、行业或几乎任何其他借口而忽视这种可信度。在海尔，真实的人创造真实的东西，并在此过程中重塑其组织。那些不愿大幅改变的公司管理者可能会说："如果海尔能做到，那我们为什么不能呢？"

张瑞敏表示，这场变革是艰难曲折的。在这个过程中，他们遇到的困难包括误解、反对和执行不稳定。海尔通过创建试点项目来解决这些问题，向员工表明，变革是可能的，并不像员工想象的那么困难；他们从试点项目中获得了一些价值，这让员工有动力加入这场转型。

在漫长的转型过程中，张瑞敏带领海尔专注于一系列基本的管理原则，这些原则现在体现在其革命性的人单合一管理理念中。在深入探讨这些原则之前，我们先更加全面地了解海尔多年来的发展历程。①

海尔将其战略发展历程分为 6 个主要阶段，每个阶段都反映了

① 除了引用其他资料外，本章其余部分的所有资料均来自我为海尔模式研究院（HMI）撰写的一篇报告，比尔·菲舍尔（Bill Fischer）教授在麻省理工学院斯隆管理学院所做的阐述，以及我在海尔对史璐童女士和汲广强先生的采访。当然，部分灵感还来自《海尔人单合一辞典》。

海尔对外部、内部的机遇和挑战的积极响应。

1. 名牌战略阶段（1984—1991 年）
2. 多元化战略阶段（1991—1998 年）
3. 国际化战略阶段（1998—2005 年）
4. 全球化品牌战略阶段（2005—2012 年）
5. 网络化战略阶段（2012—2019 年）
6. 生态品牌战略阶段（2019 年—　　）

名牌战略阶段：人人都管事，事事有人管

海尔的历史可以追溯到 1984 年，当时张瑞敏被任命为青岛市一家集体所有的冰箱厂的经理。那时冰箱厂的产品质量远比不上现在，而且工厂维护服务很差，员工纪律也存在问题，士气低迷。因为经营亏损，所以工人往往不能按时拿到工资。在短期内，张瑞敏通过保证定期支付工资，赢得了员工的信任。但很明显，只有产品得到改进，客户开始尊重这个品牌，这家工厂才能生存下去。为了强调这一点，张瑞敏做了一件事——砸冰箱，并因此声名鹊起。张瑞敏在成品库存中发现了 76 台有缺陷的冰箱，命令员工用大锤将其砸碎。这让员工很吃惊，因为当时一台冰箱的价值相当于两个员工一年的收入。张瑞敏表示："当时如果我允许这 76 台冰箱在这里

销售，未来会有 760 台甚至更多有问题的冰箱出售！”员工们把这些冰箱都砸碎了。在那之后，工厂空间变得整洁，张瑞敏也制定了一些日常的工作规则。为了保证质量和可靠性并提高效率，他们还引进了新的设备以及现代生产工艺。在很大程度上，这是通过与德国大型公司利勃海尔（Leibherr）的合作实现的。此外，员工还接受了新生产工艺的培训。在名牌战略阶段结束时，这家濒临倒闭的工厂已经变成了一家先进的公司，以生产客户青睐的冰箱而闻名。为了增加组织中人的价值，这一阶段强调“人人都管事，事事有人管”的重要性。然而，当时海尔的组织结构仍然是传统的科层制。

多元化战略阶段：人人都有一个市场，人人都是一个市场

随着改革开放的发展，中国开放对外投资，冰箱市场的竞争变得异常激烈。尽管海尔做出了一些改进，但张瑞敏认为，依靠单一的业务单元和产品线是有风险的。青岛政府部门希望海尔收购该地区其他陷入困境的家电企业，因此收购成为海尔实现多元化的途径。海尔收购了空调、洗衣机等家电制造商。张瑞敏将理想的收购对象描述为“休克鱼”——不是濒死的企业，而是那些拥有良好产品，却因管理不善而停滞不前的企业。一旦把这些“休克鱼”带到一个健康的环境中，它们就可以恢复活力。在这一阶段，强调人的

价值就是强调“人人都有一个市场，人人都是一个市场”，组织结构变为矩阵组织。

国际化战略阶段：人人都是 SBU

在这个阶段，海尔同时面临着来自国际和国内的双重竞争。国内竞争对手能够快速仿制价格低廉的产品，国外竞争对手则将更先进的产品带入中国市场。中国市场逐渐从顾客几乎可以接受任何可用的产品的卖方市场变成了买方市场。对产品创新的需求越来越迫切，产品生命周期也开始缩短。此外，中国于 2001 年正式加入世界贸易组织。海尔继续扩张，在中国市场收购了新的企业，后来开始与欧洲和美国最优秀的企业竞争。海尔致力于使用自己的品牌，成为世界知名品牌，而不是成为代工工厂。海尔在这一阶段的目标是“走出去”，提高海尔品牌在海外市场的知名度；以及“走进去”，进入主流渠道并在这些市场上销售主流产品。例如，海尔专注于美国市场未得到满足的用户需求，推出了大学生使用的迷你冰箱等新产品。

在这一阶段，海尔的大多数家电都是在中国制造并出口到其他国家。随着在销往地的品牌知名度和市场准入标准的提高，海尔改变了模式，开始在当地生产。1999 年 4 月 30 日，海尔在美国南卡罗来纳州建立了第一个海外工业园。这一决定有助于海尔更好地了解当地用户的偏好，并改进生产流程，以快速满足当地用户的需求。从流程创新的角度来看，国际化战略要奏效，效率和为终端用户创造的价值都必须相应提高。流程再造旨在实现“三零”：零库存、用户零距离和零营运资金。

2000 年，张瑞敏参加了世界经济论坛，那一年的主题是“让我们战胜满足感”。回到中国后，张瑞敏写了文章《“新经济”之我见》，分享了他对网络时代新管理范式的见解。其中一些关键见解如下所示。

◎ 第一，仅仅利用互联网技术是不够的，要致力于把传统的科层制企业转变为“互联网节点”，变成开放的创业生态。
◎ 第二，技术创新。企业应该利用网络整合世界各地的技术资源，为己所用，并用创新技术创造新的需求和新的市场。
◎ 第三，人是成功创新的重要因素。企业应该鼓励人人创新，为员工提供发展的空间，利用共享的信息，通过扁平化的组织结构来缩短信息链，使每位员工取得进步或挑战每位员工，让他们实现自己的价值，并以团队的形式创造协同效应。

这些想法是张瑞敏在下一阶段宣布的人单合一模式的基础。但在这一阶段，海尔的目标是通过提出“人人都是 SBU（战略业务单位）”来增加人的价值。这意味着每个员工都将成为一个利润中心，并对自己带来的利润和损失承担全部责任。海尔实施这一制度是为了激发员工的自主性，以便他们能够主动应对不断变化的市场需求。

举个例子，海尔取消了差旅费签字制度，但每个人的差旅费直接影响到他所属团队的盈利能力。如果没有盈利，团队成员将无法分享利润。海尔当时的差旅成本非常高，但在实施 SBU 理念的一年内，差旅成本降低了 1/3。当每个人都成为 SBU 时，市场目标也被分解到个人层面。公司的目标是让员工自我驱动、自我创新。

另一个例子来自设计师许升。他在 2002 年开发了一款非常先进的洗衣机。随后，他的角色从产品开发人员变成了管理者，这不仅影响了他的头衔，也影响了他的动机。他的产品在市场上卖得越好，他得到的报酬就越高，这反过来又提升了他对用户的关注度。

全球化品牌战略阶段：人单合一模式正式启动

在这一阶段，全球金融危机爆发，许多企业建立了跨国业务。

此时，允许用户之间保持“零距离”的互联网技术已经势不可当。因此，海尔确立了全球化品牌战略，并将其国际化战略提升到一个新的层次，即“走上去”。

“走上去”需要建立“三位一体”的中心（本土研发、制造和营销），同时连接全球的一流资源，打造本土化产品。例如，海尔为日本的单身女性设计了“一个人使用的洗衣间”，为中东市场设计了一次可洗 12 件大罩袍的洗衣机。

在这一阶段，海尔人单合一模式正式启动。通过在全球范围内采用这一模式，海尔旨在打造其著名的“全球本土”品牌。如今，为增加企业中人的价值，SBU 已经转变为“人人都是自主经营体团队（独立的小型团队）中的员工”。在一个倒金字塔结构中，自主经营体团队将以用户为中心，高层管理者将支持组织交付用户价值。

“自主经营体”的概念起源于 2009 年，并一直试行到 2012 年。当时团队可再组成“利益共同体”，以在相关的自主经营体之间建立进一步的协同效应。2013 年，也就是在下一个阶段，利益共同体成为“小微”，这为如今遍布海尔的小团队小微打下了基础。这些组织结构的变化表明，张瑞敏通过多年的试验，不断释放人的潜能，最终找到了他所追寻的东西。

网络化战略阶段：采用互联网思维和“三无”

互联网的重要性与日俱增，海尔每 7 年会对其战略进行转换，张瑞敏在 2014 年提到：“未来，海尔将不再只制造产品，我们将培育创客。如果我们只制造产品，我们就会被自己束缚，但如果我们孵化创造者，我们就会有很多新的产品、新的创意。”

海尔的网络化转型已经成为必然趋势，新阶段的目标是采用互联网思维和“三无”，即企业无边界、管理无领导、供应链无尺度。“三无”对应“三化”。

◎ 企业网络化。
◎ 员工创客化。
◎ 用户个性化。

海尔表示，在物联网时代，“三无”是必要的，因为物联网企业需要通过实时监控和预测（数据）来关注新的用户需求，强调多个产品之间的协同效应，并通过传感器、连接和智能来减少在生产和服务流程中的人工干预。

此外，在海尔看来，物联网思维和传统思维有两大主要区别：

零距离和网络化。事实上，企业与员工、用户和合作伙伴之间的关系必须从零和博弈转变为合作共赢的生态系统关系。这个生态系统的一个重要方面是并联工作，而不是串联工作。传统的模式是先进行研发，然后进行开发、营销等。海尔将这一过程转变为几个并行的流程，共同为用户创造价值。这就是海尔所说的“网络化思维”，这一点是通过发展小微结构实现的，在这个结构中，员工可以是创客、小微主或平台主。

管理无领导意味着员工从被动接受命令转变为自我驱动的创业者。因此，员工要向用户报告，而不是向管理者报告。海尔的角色不是为员工提供就业机会，而是为其提供创业机会。因此，员工变成了创业者。他们通过创业和创新为网络贡献价值。此外，创业不限于在册员工，因为创造价值的创业者可以是生态系统中的任何人。

供应链无尺度基于这样一种信念：用户在形成自己的体验时，从被动的买家变成了主动的参与者。传统企业通过批发商或零售商等其他方销售产品时，供应链存在局限性。供应链无尺度意味着企业应该在用户需求出现时满足用户需求。这导致传统的研发—制造—销售模式转变为一个由“需求 + 供给”驱动的过程。在这种情况下，用户不再在给定的产品范围中进行选择，而是让企业知道他们的个性化需求。

生态品牌战略阶段：建立可信的生态系统

经济学家罗伯特·J. 戈登（Robert J. Gordon）在其著作《美国增长的起落》（*The Rise and Fall of American Growth*）中指出，1970年之后美国全要素生产率的增长仅为1920—1970年相应增长的1/3。换句话说，第二次工业革命的主要发明，如汽车、电力和家用电器，在今天几乎已经达到完美。新的增长不会以更先进的汽车或家用电器的形式出现，经济增长需要新的引擎。此外，互联网技术和数字设备的普及已经将权力的天平从企业转移到了用户手中。

张瑞敏认为，出于这些原因，当前的第四次工业革命需要发展生态系统和生态品牌。作为网络化组织的一部分，明确的战略，即关注什么、最擅长什么，以及要在生态系统中的哪些领域与其他人开展合作，是企业所必需的。生态系统的使用为规模效率和规模学习提供了可能。因此，海尔为物联网时代打造了一个生态品牌。生态品牌可以衡量海尔和其他企业在物联网时代的竞争力，以及企业在一致战略下满足所有用户需求的能力。为了打造一个强大的生态品牌，企业需要围绕用户体验构建一个可信的生态系统，并借助于网络功能。生态系统通过所有利益相关者之间的增值分享来产生收入和社会价值，并形成一个围绕用户需求的引人注目的企业集群。

这种演变的一部分是产品变成了“场景”，这意味着你销售的不只是洗衣机，还是优质的洗衣体验。海尔创建其生态品牌“衣联网”

就是一个例子，它是传统洗衣机业务的延伸，提供衣服的洗涤、护理、储存、搭配和购买的全生命周期智慧解决方案。另一个例子是海尔的“阳台场景方案”。最初，它关注的是环境问题。因为许多上海人把洗衣机放在阳台上，当洗衣机的水通过雨水排水管输送时，就会出现环境问题，所以海尔与上海市政府一起将场景拓展为“阳台改造项目”。后来，用户提出了新的需求，例如在阳台上养宠物或在阳台上健身。结果，其他公司也希望为这一“阳台场景”贡献价值，于是创建了一个生态链小微群（Ecosystems of Micro-Communities, EMC）。该链群后来裂变为 13 个子链群，提供 13 种智慧阳台场景方案。

生态链小微群由专注于特定用户场景的小微组成。这些小微是独立的单元，并且是非线性并联，而不是串联的。该链群是动态的，可以根据用户的需要动态地重新配置和升级。链群有两种类型，分别是创单链群和体验链群。体验链群专注于市场，并用户触点，创单链群则负责实现。

链群内部有“链群合约”，旨在对链群中的每个小微进行有效的激励和协调。通过链群合约，企业可以避免价格战，实现“所有参与者的最优策略组成”的纳什均衡[①]。这保护了生态系统

① 纳什均衡是定义涉及两个或两个以上参与者的非合作博弈解的最常用方法。纳什均衡假设每个博弈者都知道其他博弈者的均衡策略，并且博弈者无法单方面通过改变自己的策略获得任何收益。

中的每一个人免于恶性竞争。链群合约关注的重点是“引领目标”，而不是基于一家企业内部限制设定的目标。它还解决了经济学中不完全契约[①]的问题，因为链群合约不是一种采购关系，而是关于各方共同创造的协议，在协议中，各方都共享创造的价值。链群合约还是一份无限期合约，目的是继续“游戏”。为了创造最佳用户体验，生态系统可以随着新玩家的加入而扩展，游戏将随着用户需求的不断变化而继续下去。

海尔一直在不断变化和发展。本章介绍的海尔历史旨在让读者了解海尔这家企业的性质，以及它独特的管理原则和结构。第 7 章将展示这些要素是如何促成人单合一模式的。

管理清单

LEADERSHIP FOR A DIGITAL WORLD

海尔的 6 个主要战略发展阶段：

1. 名牌战略阶段：人人都管事，事事有人管。
2. 多元化战略阶段：人人都有一个市场，人人都是一个市场。

① 桑福德・J. 格罗斯曼（Sanford J. Grossman）、奥利弗・D. 哈特（Oliver D. Hart）和约翰・H. 穆尔（John H. Moore）提出了不完全契约范式。

3. 国际化战略阶段：人人都是 SBU。
4. 全球化品牌战略阶段：人单合一模式正式启动。
5. 网络化战略阶段：采用互联网思维和“三无”。
6. 生态品牌战略阶段：建立可信的生态系统。

Leadership For A Digital World

第 7 章

人单合一：传统企业转型的范式

人单合一模式的关键要素

人单合一的管理理念，是始于 1984 年的海尔历经第 6 章所描述的 6 个阶段后，从近 40 年的发展过程中学习到的经验的总结。随着世界的不断变化，海尔的学习和转型从未停止。下文将描述和展示人单合一模式的关键要素和核心原则。

以用户为中心

1985 年，当张瑞敏命令员工从库存中取出有缺陷的冰箱，并用大锤将其销毁时，他显然是在提醒人们关注产品质量的重要性。他想要传达的信息是："我们再也不会制造质量如此低劣的产品了！"但与此同时，这一举动隐含着一个更深层的信息：不让用户失望有多么重要。在接到一位用户说他购买的冰箱出现问题的投诉后，张瑞敏前往仓库检查库存，并寻找有缺陷的产品。因此，从一开始，砸毁有缺陷的冰箱不仅象征着海尔对产品质量的重视，而且象征着其以用户为中心的观念，后来这一点在实现与用户零距离的目标中得到了进一步强调。

张瑞敏将提供卓越的用户体验作为海尔新管理方法的首要指导原则。关于这一原则的一个推论是，提供良好的用户体验，并了解用户想要什么的最佳方式是接近用户。作为人单合一模式的重要组成部分，用户零距离的理念可以被看作海尔转型初期的一个重要原则。

组织结构的试验

更接近用户的追求不可避免地推动了组织结构的持续试验（见图 7-1）。多年来，海尔已经从传统的金字塔结构转变为倒金字塔结构，创造了高度互联的生态系统。图 7-1 中的自主经营体是高度自治的小型团队，它们可以被认为是小微的前身。

虽然组织架构很容易让人着迷，但海尔的转型过程所涉及的远不止组织的重新设计和重组。图 7-1 中简单的示意图漏掉了许多细节。况且，与用户零距离的理念不仅需要一个新的结构，还需要一种新的思维方式、一种新的薪酬模式，以及数字技术的新应用。结构只是变化的一部分。

传统的金字塔结构 **人人都是创客**

命令与控制　矩阵组织　战略业务单元　自主经营体组成的倒金字塔结构　创业生态

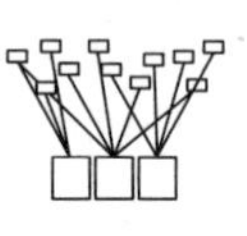

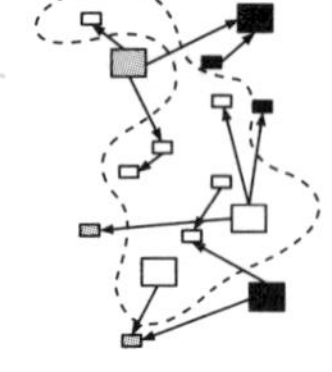

图 7-1　海尔通过组织设计实现用户链接的试验

资料来源：Fischer, B., & Steiber, A. (2021). The transformation of GE appliances. Management Course Materials, June 2021; unpublished.

释放人才活力

海尔的另一个指导原则是，认识到在大多数复杂的组织中隐藏着大量人才，打破科层制可以释放人才的活力。鼓励创业行为是打破科层制和官僚主义对组织内人才束缚的最有力方式。彼得·德鲁克曾观察到，“企业家总是在寻求和回应变化，并将变化作为机会加以利用”。

机会在于创造良好的用户体验，从而吸引和留住用户。鼓励创业精神会让权力在组织内部得以重新分配，因此，大多数企业转型涉及在过去较低的层级增加自主权。

刚参与关键决策的人需要一个指引他们走向正确方向的指南针，在许多成功的转型中，指南针是以指导原则或“简单规则”的形式出现的。我们已经看到海尔的三个指导原则中的两个：一是注重用户体验，二是创业精神。第三个原则是通过新的薪酬模式与所有相关方分享价值。如果这一点能够实现，那么可以公平地说，用户正在为企业员工支付工资，因为员工的收入基于其为市场创造的价值。如果一位创客（也就是创造者）在三个月内没有创造任何价值，他就需要离开团队。

改变词汇，新语言带来新视角

图 7-2 以简洁的形式展示了海尔的三个指导原则。值得一提的是，近 40 年来，这些原则一直在引导着该公司的转型之旅。

同样重要的是，每个原则都以分形[①]的形式体现在海尔从组织到个人的各个层面的活动中。在每个层面，员工都在努力追求卓越的用户体验。在每个层面，人们都认为自己是企业家。在每个层面，价值都被创造价值的人共享。

---

① 具有以非整数维形式充填空间的形态特征。通常被定义为一个粗糙或零碎的几何形状，可以分成数个部分，且每一部分都是整体缩小后的形状，即具有自相似的性质。——编者注

提供极佳的用户体验
尽可能地接近用户
信赖企业家精神
允许员工以自己的见解和专长行动
与所有相关方分享被创造的价值
你的薪酬直接来源于用户

图 7-2　海尔的管理指导原则

资料来源：Fischer, B., & Steiber, A. (2021). The transformation of GE appliances. Management Course Materials, June 2021; unpublished.

改变描述性词汇有助于我们从不同的角度看待熟悉的事物。张瑞敏用新的术语描述了传统的利益相关者和价值分配，这些术语造就了深刻的行为变化。海尔不再将其顾客视为“匿名客户”，而是视为“终身用户或共创者”；员工已经从“服从命令者”被重新定义为“创客”；新的薪酬结构确保价值不仅以不同的方式被创造和获取，而且以不同的方式被分配。

物联网改变一切

2000 年，当张瑞敏在达沃斯参加一年一度的世界经济论坛时，海尔正确地预见到，物联网以及伴随物联网进入家庭的超链接将改变一切。消费者的购买模式发生着变化，他们会购买整套相互关联的电器，而不是单品。他们对用户体验的期望也发生着巨大的变化。用户体验之旅从每 12 ～ 15 年产生一笔交易，转变为每天与海尔进行 12 ～ 15 次互动。食谱、食品追踪、葡萄酒搭配，甚至参观生产商，现在都已成为用户体验的一部分。这意味着海尔需要接触的专业领域超出海尔的传统能力范围。更加接近用户不再是一种选择，而是势在必行的。这鼓励海尔考虑对用户和拥有所需专业知识的企业彻底开放，并增强包容性。

如今，物联网让一切都发生了变化，所以过去适用的组织架构和实践并不一定适合未来。

人单合一，管理的再发明

从已做出和未做出的选择的角度来思考领导力是非常有用的。海尔的转型故事是一个关于选择的故事，其战略重点令人印象深刻。这些选择都是针对人单合一理念的一个或多个指导原则做出的，它们是相辅相成的。

海尔需要做的是超越词汇，改变组织的创业性质，让新出现的创客能够起步，并为其改变组织结构。虽然转型的神奇之处在于细节，但海尔最大的变化是：将用户零距离作为企业目标并将组织的去功能化和小微作为实现这一目标的工具（见图 7-3）。

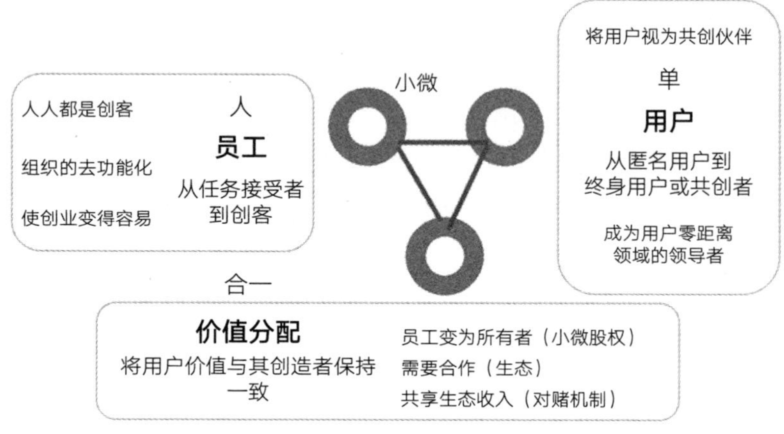

图 7-3　人单合一的可视化模型

资料来源：Fischer, B., & Steiber, A. (2021). The transformation of GE appliances. Management Course Materials, June 2021; unpublished.

为了更贴近用户，海尔的选择的核心是创建小微。小微是海尔的基本组织单位，具有自组织性和自治性。

小微的使命是满足用户需求。海尔是一个孵化平台，它的作用是向所有识别用户需求的小微提供资源、孵化和技术方面的支持。当小微运作良好时，小微成员也会成功地成为小微的股东。由于规模小，所以小微需要合作伙伴，因而其成员产生了分享合作伙伴从而共同创造收益的意愿。这使得生态系统不再像传统价值链那样运作。

一方面，传统价值链通常是依靠命令和控制的方式来运行的，目的是获得最大的可靠性和最高的效率，减少价值链中任何环节的差异。另一方面，生态系统会吸引具有增值特征的关系。生态系统需要与传统的、受到严密管理的价值链截然不同的参与方式（见图 7-4）。如果生态系统要蓬勃发展，就不能对其进行严密管理。最终，如果生态系统蓬勃发展并取得成功，它们甚至会偏离以用户为中心的目标，因为用户将被视为生态系统活动的合作伙伴，而不仅仅是其产品的消费者。海尔的高管表示，鉴于生态系统的重要性，形成生态系统的关系将成为他们未来最有价值的资产。

- 不仅仅是强有力的价值链
- 非线性、非连续性的
- 并非为了可靠性或减少变化创建的，而是为了扩大机遇、自发性和变化创建的
- 利益共享 > 服务费或供应费
- 中心和权力是危险的
- IP 和品牌共享很重要

图 7-4　生态系统与传统价值链的对比

资料来源：Fischer, B., & Steiber, A. (2021). The transformation of GE appliances. Management Course Materials, June 2021; unpublished.

海尔选择了一种与生态系统合作的新型方法，这种方法的真正目的是创建一家没有边界的企业。链群由海尔的小微和非海尔所有的第三方组成。此外，链群成员在面对用户及其需求时需要协作，

因为与单独运营相比，他们可以共同为用户创造更多价值。成员之间的协调是通过使用链群合约来实现的，在合约中，各方都承诺承担特定的责任和结果。链群合约是智能合同的进化版本，使用区块链技术来计算目标是否实现，以及每个参与者创造和交付的价值。新参与者可以在续约时为某项工作或任务“出价”。由此，海尔能够让用户价值自我进化到越来越高的标准。海尔使用“共赢增值表”来调整生态系统，并计算为每个参与者创造和分配的价值（见图 7-5）。

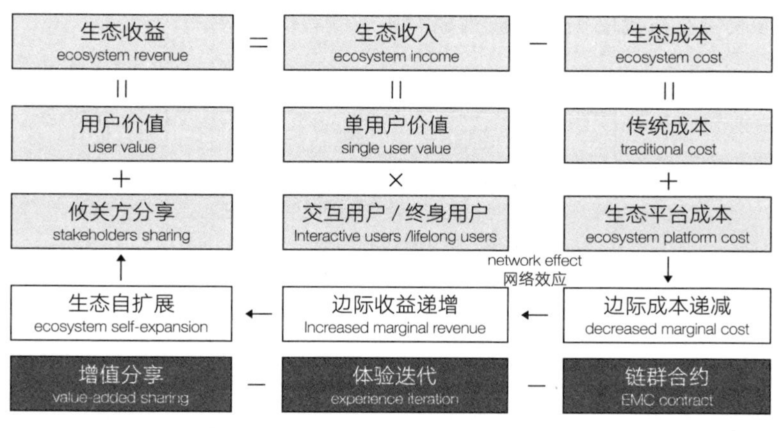

图 7-5　共赢增值表

资料来源：Steiber, A. (2021). The transformation of GE appliance. Report for Haier Management Institute.

彼得·德鲁克曾告诫人们：“创新和创业必须成为我们组织、经济和社会中不可或缺的维持生命的活动。”海尔的人单合一模式让它在实现这一点上走了很长一段路。海尔是世界上少数几个打破科层制的组织之一，因此很有研究价值。如前所述，海尔在物联网时代的运营理念是基于它近 40 年来一直在发展的目标和原则。自 2005 年以来，海尔就明确将这种理念称为“人单合一”。随着企业的发展，人单合一企业也有了不同的版本。目前来看，它可能涉及迄今为止最彻底的企业结构和管理的再发明。

人单合一的 6 项核心原则

我们已经提到，人单合一作为一种模式或系统，可以被认为是一种分形，一种“在许多不同的组织层级具有自相似性且永无止境的活动模式”。在海尔的案例中，这些关系和行为模式在组织层面、小微层面（以及整个生态中的链群）和个人层面都得到了再现。

人单合一是指员工（人）、用户价值（单），及员工价值创造与用户价值实现的结合（合一）。简而言之，这意味着所有员工都应该专注于创造用户价值，并根据他们创造的用户价值获得奖励。企业的目标是创建卓越的用户体验，释放和利用每个员工以及外部合作伙伴的创业能量，并让所有相关人员共享创造的价值。

现在我们可以深入探讨实现这些目标的原则。人单合一模式的动作基于 6 项核心原则：

◎ 生态化的战略。
◎ 网络化的组织。
◎ 创客化的员工。
◎ 用户零距离。
◎ 用户付薪机制。
◎ 非线性管理。

生态化的战略

网络化企业的战略是“共创共赢的生态”，最终建立生态品牌。海尔的人单合一模式颠覆了传统的战略管理。在传统的战略管理中，企业被视为垂直整合的封闭系统，与同类企业竞争。如今，海尔变成了一个基于平台的组织，向其生态系统开放。在某种意义上，它必须让世界级的资源对海尔平台上的用户开放，并为用户创造价值。海尔平台的演化分为三个阶段。

◎ 从封闭到开放。
◎ 从静态到动态。
◎ 从竞争到双赢。

生态品牌系统可以用三个“自”（自主权、自组织、自循环）和三个“新”（新模式、新生态、新范式）来定义。通过利用生态品牌，海尔可以培养终身用户。

网络化的组织

网络化企业的组织目标是从传统的科层制结构转变为节点——小微结构。它们在企业平台上实现网络化，可以连接顶级资源，提供最佳的用户体验。这意味着企业也从分工走向了整合。正如前文所提到的那样，网络节点构成了链群，这些链群可以是直接与用户互动的“体验链群”，也可以是创造用户价值的“创单链群”。通过链群合约，小微之间完成了协调，并自主做出了决策，没有领导金字塔或职能部门。为了实现这一点，以前由首席执行官或其他高管掌握的三项决策权（业务决策权、人事决策权和薪酬决策权），被返还给小微的员工。

创客化的员工

作为网络化企业的一部分，员工从被动执行者转变为创客和动态合伙人。员工要在工作中具有创业精神，可以自己创业，而不只为小微工作。员工需要从接单者和做单者转变为积极创新的创客，再到充满活力的合作伙伴。后者意味着员工不受企业的限制，是平台上独立的个体。在这个平台上，“世界就是我的人力资源部”。这句话指的是世界上所有的人力资源现在都可以为“我”所用。传统管理者将目标分配给员工，海尔则围绕一个目标来组织员工。全球所有有竞争力的人都可以成为海尔平台上的创客。通过员工的这种转变，企业本身也从一家产品制造商转变为一个“创客孵化平台”。

用户零距离

对于网络化企业来说，将产品使用者转变为用户，需要让其成为企业生态的一部分，并与企业持续交互。实现这一转变的关键是“零距离”这一概念，这意味着消除用户与企业之间的距离。因此，海尔会与用户进行线上和线下的联系，了解他们在产品规划、设计、开发、生产、制造和营销阶段的需求。传统企业通过销售产品来做生意，而海尔已经在探索获取用户资源和培养终身用户的方法。

用户付薪机制

薪酬模式的转变意味着企业从“企业付薪”向“用户付薪”转变。在传统企业中，员工的薪酬标准是根据他们各自的职位和工作制定的。这是一个事后评估的固定薪酬体系。海尔的薪酬模式基于“承诺导向的规划”。每个任务或项目的资源投入取决于小微投入的资源，以及小微的共同投资，而不是上级的分配。小微承担初始风险，然后向员工支付资本和利润分成。这一要素基于这样一种信念：薪酬是企业成长的动力。

非线性管理

管理从线性模式转变为非线性模式。在线性管理模式中，科层制企业的职能是基于命令和控制来管理的。在非线性管理模式中，企业在共享平台的基础上为网络化组织提供资源和服务。在传统管理中，规划比进化更常见，输入决定输出。在非线性管理中，重点是自我进化，这对员工来说是现实的，也能够推动增长。海尔的寓意是，每个人的潜能都需要得到激发和促进，从而成为自己的首席执行官。

本章总结了人单合一模式的关键要素及核心原则。第 8 章将对人单合一模式和谷歌模式进行比较，谷歌模式是硅谷模式的一个缩影。

管理清单

LEADERSHIP FOR A DIGITAL WORLD

1. 人单合一的关键要素：

（1）以用户为中心。

（2）组织结构的试验。

（3）释放人才活力。

（4）改变词汇，新语言带来新视角。

（5）物联网改变一切。

2. 人单合一的 6 项核心原则：

（1）生态化的战略。

（2）网络化的组织。

（3）创客化的员工。

（4）用户零距离。

（5）用户付薪机制。

（6）非线性管理。

Leadership For A Digital World

第8章

人单合一与谷歌模式

现在，让我们思考人单合一模式在新管理模式的“进化规模”中的位置。我们通过本书的前几章追溯了这一发展过程。

◎ 第 2 章讲到了在当今复杂、充满不确定性和快速变化的商业环境中，企业需要具备“动态能力”，包括感知新的机会和威胁的能力，通过调动资源迅速抓住时机采取行动的能力，以及不断改造企业以迎接机会的能力。同时，还描述了为什么传统的科层制管理模式无法提供这些能力。

◎ 在第 2 章和第 3 章，我们看到了硅谷的领先企业是如何开发出一种能赋予它们动态能力的管理方法的。如果你想回顾这些章节，请参阅表 3-1 及其后的讨论。该表显示，硅谷模式在许多方面与亨利·明茨伯格所描述的传统机械型组织模式截然相反。采用硅谷模式的企业高管从战略上着眼于创新和增长，而不是维持和优化现状。新模式分散了决策权，并支持灵活性，它并非通过命令和控制的结构，以及僵化的规则和程序锁定系统。

◎ 在第 4 章，我们看到许多中国领先企业已经开发出类似于硅谷模式的管理模式。无论是在中国还是在美国硅谷，这些企业的表现都不像机械型组织，而更像“灵活型组织”，能够快速、主动地应对面前出现的需求和机遇。

根据我的研究，中国的创新型企业和美国硅谷的创新巨头在管理方式的元层面上具有相似性，然而在实践中，它们存在差异，中国企业似乎在某些方面更为先进。如果再深入比较一下，那么我们可以看到，海尔开发的人单合一模式就是一个典型的先进案例。

在下面的分析中，我们将对人单合一模式与硅谷模式进行比较。选择谷歌作为参考案例有两个原因：第一，它是我研究范围最广的硅谷企业；第二，人们广泛认为谷歌是在多个领域领先的创新者。此外，由于人单合一是一种独特的新模式，所以从其自身条件的角度进行分析似乎是公允的。在表 8-1 及其后的讨论中，我们将根据第 7 章所述的人单合一模式的 6 个原则，对以谷歌为代表的硅谷模式（以下简称谷歌模式）和人单合一模式进行比较。

表 8-1 谷歌模式和人单合一模式的比较

核心原则	谷歌模式	人单合一模式
策略：共创共赢的生态合作伙伴	谷歌知道创意通常来自公司内部和外部。公司已经建立了一个由各种外部参与者组成的网络，如开发商、大学、政府机构和初创公司	企业应该从垂直整合的封闭组织演变为开放的、基于平台的组织，由最佳用户体验驱动，以共创共赢的伙伴关系为目标
组织：网络化组织	一个扁平的组织，减少了太多自上而下管理和微观管理的可能性……这是一种不受欢迎的情况 两位创始人都希望避免成为多级管理的层级组织	通过扁平化和共享内部信息，以及以最短路径快速获取外部信息，清除员工和用户之间的障碍
员工：创客，以及充满活力的员工	公司希望员工具有创业精神（斗志旺盛）、好奇心强、敢于质疑现状、精力充沛、有上进心、不执迷于政治、谦逊、乐于改变、积极主动	每个员工都为用户创造价值，并进化成为动态的合作伙伴，直接面向市场
用户：零距离	关注用户 员工应在项目开发的早期阶段关注用户利益	提供最佳的端到端体验、在线用户交互和价值链上的用户参与，以及所有相关的服务
薪酬制度：用户付薪	该体系建立在关键成就、评估过程以及金钱和非金钱奖励的基础上 晋升与薪酬、OKR 流程有关	员工根据对用户的价值创造获取奖励……薪酬体系采用与用户价值相关的对赌薪酬制（VAM），需要以承诺为导向的规划。小微承担初始风险，先付给员工共同投资的资金，然后再根据额外的利润分成给予补偿
管理：非线性的，支持自我进化	每个员工都应该是自组织的，有领导能力，积极主动，不需要管理支持，并且善于与他人合作 员工的谷歌精神每天都会被同事评估	非线性管理为网络化的组织提供资源和服务。让员工自我管理，同时被他们的团队管理。让员工通过关注用户需求来参与企业创新。以目标为导向，实现自我进化

如表 8-1 所示，这两家公司的管理原则在较高层面上是相似的。谷歌模式和人单合一模式并不是代表这些原则的唯一管理模式，我们也许可以称之为“新数字经济的管理‘元原则’”。这意味着管理模式的转变已经开始，这不是一个行业或地方现象，而是一个全球性现象。

然而，如果说谷歌和海尔应用这些原则的方式相同，那就错了。事实上，两家公司的做法有很大不同，下文将进行阐述。

生态系统策略

谷歌和海尔都强调生态系统对创新和新价值创造的重要性，并且都与大学、研究机构、初创公司等建立了开放的生态系统。它们还孵化来自各自公司内部和外部的初创公司，使这些公司加速成长，以及投资或收购外部的初创公司。

然而，人单合一模式在如何利用生态系统向用户提供整个场景（如智慧厨房或智慧洗衣）方面存在重大差异。要实现这一点，海尔需要提供良好的用户体验，包括硬件、软件和服务等方面。这可能需要生态系统中的多个潜在参与者共同完成，只有一家公司参与是无法做到的。这种生态系统不同于安卓（手机开源操作软件）、Google Play（应用软件平台）、Google Kubernetes Engine 或 Tensorflow（端到端的机器学习开源平台）。

海尔的家居“用户体验云平台”通过一系列可定制的场景，让用户参与设计、建造和服务家庭的整个体验之旅。海尔的生态系统基于用户体验吸引了可以为体验之旅做出贡献的合作伙伴，并在需要时孵化出新的链群。第 6 章提到的智慧阳台的例子可以说明这一点。此外，海尔的体验云平台便于所有相关方进行共同创造，并且与用户只有一种独特的关系，即定制关系。然而，解决方案的背后可能有多个资源方。另一个例子是 2020 年出现的“食联网”生态系统，该生态系统推出了物联网预制菜餐食平台“Alphesh”，该平台为用户提供从农场到餐桌的预制菜餐食。

在创业孵化和加速方面，两家公司之间也存在差异。谷歌的母公司 Alphabet 拥有一篮子公司，包括成熟公司、成长型公司和新兴公司。因此，它们拥有一个允许新公司加入集团的治理结构。此外，谷歌有 20% 的项目供个人探索新想法。Area 120 是一个针对试验项目的内部孵化器，有想法的员工可以在其中获得设计思维等方面的指导。如果试验项目很有前景，它可能会成为 Alphabet 内部的新业务。或者，谷歌员工可以选择离开谷歌去探索他的新项目。谷歌还通过 Google for Startups 积极支持外部初创公司。Google for Startups 在全球设有多个孵化器和加速器，不仅能提供建议和服务，还可以提供谷歌产品。如果初创公司看起来前景光明，那么谷歌可以选择通过 GV（前身为谷歌风投）投资这家初创公司。不知道谷歌是否会利用创业加速器有意识地将科技初创公司从种子资金输送到上市公司。

海尔的孵化器和加速器平台可以被视为新项目的“全球工厂”，是海尔自我转型和未来成长的载体。与谷歌一样，海尔员工可以提出新想法，并获得平台的支持。海尔员工可以离开自己所在的小微，选择自己创业、自己投资，从而获得股权。此外，海尔会邀请外部投资者加入，但在孵化阶段，海尔会保留对新项目的控股权。当初创公司开始扩大规模时，现有的和新的外部投资者，以及新的小微的创始人可以投资该公司。刘占杰就是一个例子。他曾是海尔的技术人员，后来成了一家新的生物医疗小微的所有者，该小微如今已上市。海尔的孵化器和加速器平台也向外部初创公司开放，并在世界许多地方设有办事处，提供让大型组织成为国际企业所需的资源。该平台创建了包含风险投资家、其他大型工业企业、大学等组织的生态系统，且能为创业者提供培训。

作为新项目的“全球工厂”，海尔有意识地引导初创公司从种子资金到独角兽，再到上市。目前，该平台孵化了 4 000 多个小微，并加速了 360 多个项目，其中上市公司有 4 家，独角兽有 5 家，瞪羚公司[①]有46家。

网络化的组织

两家公司都强调要创建一个扁平化的、网络化的组织。然而，谷歌仍然使用有明确定义的功能、产品和地理位置的矩阵结构。虽然谷歌将决策权分散到了较小的团队（通常是产品团队）中，并且经常鼓励这些团队制定战略、快速学习和快速行动，但这些团队的运作结构仍然相当传统。

海尔的人单合一模式是以独立的基本单元，即小微为特征的，该模式是围绕生态链小微群中用户的需求进行组织的。每个小微都成为链群中的一个节点。海尔为小微提供战略指导、薪酬体系支持和一些办公设施。小微和链群之间没有等级制度。这意味着海尔不再谈论产品、功能或矩阵结构，而成为一个网络化的组织。其节点要么为终端用户服务，要么为其他节点服务，所有节点相互协作，以实现用户体验最大化。

① 瞪羚公司指成立于2000年之后，目前估值超过5亿美元，3年内最有可能达到独角兽级（10亿美元）估值的高成长性公司。——编者注

企业家和充满活力的合作伙伴

谷歌和海尔都需要具有高度创业精神的人才。两家公司都支持员工追求梦想和探索新机会的愿望。谷歌不仅鼓励员工进行创新，还支持他们参与“20% 项目”，即利用大约 20% 的工作时间在特别吸引他们的领域探索新创意。而且，谷歌还根据旨在提高员工绩效的目标来评估他们。此外，为了树立良好的榜样，各级领导都要参与一个或几个 20% 项目，为公司创造新的价值。如果一个 20% 项目的想法是好的，并且得到了当地管理者和足够多的同事的支持，那么这个想法会得到进一步的探索和发展。非常有前途的想法可能会成为 Alphabet 未来的业务发展方向。

海尔使用的系统更接近真正的创业精神，而不像谷歌那样，只拥有内部创业精神。海尔期望员工能够转变为创客——事实上，海尔甚至没有使用“员工”这个词。在理想情况下，创客可以选择创办小微。小微既可以是从海尔内部孵化出来的、符合海尔战略方向的转型小微，也可以是与海尔的战略愿景紧密联系，但与海尔及其现有资源的联系较为松散的生态小微。海尔有一个投资委员会，该委员会从战略契合的角度来审查和批准小微投资和孵化的提案，这不一定以预测投资回报为基础。所有新的小微都必须加入基础链群，才能创造、传递和分享价值。如果新的小微为链群的用户带来直接价值，那么这将有助于这个新的小微通过“体验云平台”的强大力量快速抓住市场机遇。

用户零距离

这两家创新巨头都注重用户和用户价值。尤其是在研发过程中，两家公司都优先考虑与用户一起进行试验，以获取用户对新功能的实时反馈。“用户至上”之类的简单规则让谷歌和海尔的员工都清楚地知道，他们应该关注用户价值，而不是尝试开发没人想要的东西。然而，关注终端用户和通过价值链的第一个步骤与终端用户进行实际互动是有区别的。谷歌多年来一直与用户互动，并利用相关数据来改进产品或研发新的产品。该公司还邀请主要用户提供关于产品测试版原型的反馈。

在追求用户零距离的过程中，海尔的潜在信念是：不仅要在创造新价值时关注用户，还要在多个场景的体验旅程中与用户共同创造价值。此外，海尔还向终端用户提供与其购买情况相关的重要信息，以及告知他们如何从安装在家里的新产品中获得最佳效益。

两家公司都努力创建用户黏性，试图留住用户，但海尔的重点在于终身用户。在海尔，传统的“硬件业务模式”必须从简单的交易思维彻底转变为终身用户和互联网思维。后者意味着，可以每天与终端用户交互，并为终端用户提供新的价值。在用户零距离原则的支持下，随着数字技术的发展和改进，实现这一点是很有可能的。

薪酬与用户付薪

在谷歌和海尔，薪酬在某种程度上与员工创造的价值有关。两家公司都将股权作为员工薪酬总额的一部分，都强调民主化和所有相关方之间的利益分配。

在谷歌，员工可以获得基于市场的公平工资、奖金和股权。谷歌从共享股权转变为采用限制性股票单位（Restricted Stock Units，RSU），后来改为采用谷歌股票单位（Google Stock Units，GSU）。这就是谷歌授予每位员工的全部股份。此外，GSU 不同于 RSU 的地方在于，员工被授予的金额取决于他的表现。简单地说，如果员工的绩效比最初预期的高，他就可以获得更多的 GSU。GSU 就像是一个奖金系统。

相比之下，海尔更注重员工薪酬与员工为用户创造的价值之间的直接联系。在海尔的体系中，没有底薪这种东西。所有人的薪酬都取决于他们为用户创造了多少价值。因此，引领目标对海尔员工至关重要。根据“用户付薪”原则，海尔员工的薪酬应为行业平均水平的 1.5 倍。如果最终薪酬低于此标准，就意味着员工所在的链群没有达到其引领目标，或者无法实现“高增值”，因此无法获得较高比例的共享利润。换句话说，海尔员工需要有超强的竞争力，没有超强竞争力的人将无法获得高薪。在小微层面上，小微会根据员工的绩效来决定谁将获得多少利润份额。在股权方面，就像前文所提到的那样，海尔在创业公司孵化阶段拥有控股权；在规模扩张阶段，小微的员工以及外部投资者可以通过投资购买更多股权。可以看出，海尔员工获得薪酬的方式与开放市场上的企业家类似。为了支持员工转变为真正的企业家，海尔可以根据员工在海尔内部的自我发展情况，以及他们在生态系统中的价值实现情况，对员工进行评估。在海创汇平台上，他们还可以进行创业培训。

非线性管理

谷歌和海尔都强烈信任扁平化组织，将分散的决策权赋予了较小的跨职能团队。因此，领导者的角色从典型的命令和控制型人员转变为设定愿景及指导和促进团队成功的引导者。中层管理者在组织中的作用受到了质疑，因为他们不再被需要了。

在谷歌，最成功的领导者不是那些知道最多或控制最多信息和资源的人，而是打造出能为用户提供巨大价值的最成功团队的领导者。这通常意味着，过去可能取得很高成就的领导者，现在必须转变成引导者，吸引和支持团队中其他优秀的人。然而，谷歌仍然有一个人员明确的高层管理团队，包括副总裁、董事和经理。即使这些人允许他们的直接下属有相当大的自由来解决问题和创造用户价值，他们也仍然是这些人的管理者。而且，谷歌有一个正式的层级结构，高层享有更大的利益。没有晋升到更高层级的员工通常会在几年后离开公司。

在海尔，人单合一模式通过让每个人都成为企业家或小微创始人，来努力打造一个“没有”领导者的系统。因此在海尔，他们不会谈论高管、副总裁或经理。在这里，人人都是小微主、企业家或创客。在最好的情况下，每个员工都应该是企业家，而不是工作人员。根据人单合一理念，这些企业家和小微主应该是自驱动和自组织的。他们在内部竞争他们认为自己可以做得更好的职位，以此挑战同事。谷歌也坚信，员工应该具备创业精神、自驱动和自我组织，但员工不会互相挑战，也不会竞逐对方的职位。这种“内部市场”在人单合一模式中更加外显。

到这里，我们可以清楚地看到，海尔的人单合一模式和谷歌模式都与传统的科层制管理模式有着重大不同。这两家公司的管理模式都注重创新、灵活性和速度，更适合物联网时代。谷歌和海尔自成立以来，都取得了巨大的创新和发展成果，这些成果似乎验证了两家公司各自的管理模式。事实上，在 2021 年 11 月 8 日，谷歌母公司 Alphabet 的估值达到了 2 万亿美元，是该年度美国 5 大科技股中的佼佼者，涨幅超过 70%，这主要得益于谷歌广告业务的增长。同样，海尔智家在 2021 年上半年实现了 1 116 亿元的收入，比 2020 年上半年增长了 16.6%。同期，得益于国内业务数字化，海尔智家在中国的营业收入增长了 29.9%。

在我看来，上述关于两家公司的对比是独特且前所未有的，揭示了两种模式在原理层面的相似性。海尔和谷歌在不同的市场和行业中经营，海尔主要经营的是白色家电（家用电器），谷歌的经营领域涵盖从互联网搜索到移动技术，但是它们在核心管理模式上的相似之处非常突出。它们可能都已经形成了一套广泛适用的原则。也许它们中的任何一个都可以被视为未来管理的化身，值得那些希望在行业内生存和繁荣的公司效仿。

但是，如果对两种模式进行更仔细的比较，就会发现它们在实际应用中确实存在巨大的差异。我们已经看到，在利用生态系统、创建网络化的组织、将员工培育为创客、与终端用户密切合作、将薪酬与用户价值创造挂钩，以及非线性管理风格方面，人单合一模式已经超越了谷歌模式。也许有人会认为，由于各国文化和法规的差异，公司的管理模式在具体实施时有所不同。就目前而言，人单合一模式在某些方面可能比西方国家的公司的管理模式更具颠覆性。

在接下来的几章，我们将考察有着 100 多年历史的美国通用电气家电在引入中国的人单合一模式时所发生的故事。

管理清单

LEADERSHIP FOR A DIGITAL WORLD

海尔人单合一与谷歌模式有许多共同的基本原则。但是，人单合一在几个方面似乎比谷歌模式更具“颠覆性”：

1. 人单合一为共同创造提供了一个更广阔、网络化的生态系统。
2. 人单合一更彻底地使管理层级扁平化，给予员工和团队（小微）更大的自主权，并更广泛地鼓励创业活动。
3. 根据人单合一的用户付薪原则，薪酬与价值创造更直接相关。
4. 在人单合一的用户零距离原则中，企业同客户（或用户）在互动和参与方面更加频繁、密集，并且更加注重创造终身用户，他们可以成为网络企业的合作伙伴。

Leadership For A Digital World

第三部分

通用电气家电对人单合一的诠释

第9章

停滞不前：2016 年的通用电气家电

通用电气家电是一家美国家电制造商，总部位于肯塔基州路易斯维尔，成立于 1905 年，多年来一直隶属于通用电气。2014 年 9 月 8 日，通用电气同意以 33 亿美元的价格将通用电气家电出售给瑞典家电制造商伊莱克斯（Electrolux）。该交易于 2015 年 12 月被美国司法部提起诉讼，之后终止了。2016 年 6 月，海尔以 56 亿美元的价格收购了通用电气家电。根据收购条款，海尔将有权使用通用电气家电的品牌名称直至 2056 年。现在，通用电气家电是海尔的一家独立子公司，总部仍设在路易斯维尔。

虽然通用电气和通用电气家电一直以创新型公司著称，但通用电气家电的增长率在 2016 年停滞不前，且内部的重点目标是“在不损害通用电气品牌的情况下保持当前的市场地位”。当年，该公司不再是美国领先的家电公司之一，其市场份额下降到美国市场的第四位甚至第五位。

被海尔收购后，通用电气家电经历了多年的文化、领导和结构转型，取得了“颠覆性”的成果。它自 2016 年以来，营收连续 4 年实现了两位数的增幅，是美国增长速度最快的家电公司。令人印象深刻的是，衣物洗护等业务的销售额增长了 50%，息税前利润增长了 200%。同时，通用电气家电大幅缩短了产品上市的时间，从创意到执行的时间由两年缩短为三个月。

为解释这些成果是如何实现的，我们首先介绍通用电气家电在 2016 年的情况和变革背后的关键驱动力，以及公司在 2021 年的情况。知道这些之后，我们就可以描述它在这些年发生的转变了。本章将重点介绍 2016 年通用电气家电被收购前的情况。

变革的诱因

2016 年，通用电气家电还是通用电气的一部分。一直以来，通用电气都以领先的技术和发明家爱迪生而闻名，爱迪生促成了通用电气的成立。多年来，该公司的投资范围涵盖发电设备、电力机车和喷气式发动机等方面的产品和服务（B2B）。通用电气家电是通用电气投资组合中的一个异类。作为一家 B2C（企业对消费者）公司，通用电气家电是通用电气在大众市场上的公开“脸面”，这意味着前者要关注与 B2B 部门类似的因素，以确保通用电气高品质、可靠的整体形象不受损害。2001 年，继杰克·韦尔奇之后，杰夫·伊梅尔特（Jeff Immelt）成为通用电气的首席执行官，并担任这一职务直到2017年。在此期间，通用电气的股价下跌了30%，同期标准普尔500指数上涨超过了100%。随着股价的下跌，伊梅尔特决定通过剥离多个业务来收紧公司的投资组合，其中就包括剥离通用电气家电的业务。通用电气家电曾被用作投资组合中的摇钱树，但为了能够顺利剥离，它必须通过进一步提高短期盈利能力来粉饰自己。

通用电气家电的员工曾以为世界上最具创新性的公司工作而自豪，现在却多次面临被母公司剥离的局面。走走停停、拉扯不清的剥离过程影响了他们对公司的信心，也迫使他们专注于短期成果。有人回忆起在通用电气家电工作时的感觉，觉得公司是“母公司不想要了的寄养儿童，被不断虐待”。

通用电气家电的很多员工感到沮丧。其中一个非常关键的人是公司当时的首席技术官凯文·诺兰（Kevin Nolan），他后来被任命为首席执行官。诺兰最初是通用电气工业部门的一名工程师，他对自己工作的工厂有着强烈的感情。后来，由于20世纪90年代的外包趋势，工厂关闭了。诺兰前往亚洲，亲眼看见了亚洲工厂和美国工厂之间的生产率差异，他很担心。诺兰认为，无论是对国家还是对公司而言，让制造业与其他业务、消费者保持密切关系都非常重要。更让诺兰沮丧的是，他强烈的创业愿景在伊梅尔特的成本削减政策下受到了限制。因此，在被任命为通用电气家电首席技术官后，诺兰采取了一项重要举措，即将创业思维与本土生产相结合。2014 年，他与纳塔拉扬·文卡塔克里希南（Natarajan Venkatakrishnan）一起创办了 FirstBuild。FirstBuild 是一家微型工厂，以开放平台的方式构想设计和生产大量创新性产品，它目前仍在路易斯维尔运营。通用电气家电的工程师在 FirstBuild 开发过程中会与外部创新者、试点用户和其他人合作。尽管 FirstBuild 只是通用电气家电的一部分，但其创立所基于的原则在很多方面与海尔的原则相似。

海尔于 2016 年收购了通用电气家电。自进入 21 世纪以来，海尔首席执行官张瑞敏就一直深信，家电企业只有转型才能在物联网时代保有立足之地。正如第 6 章所提到的那样，他从 1984 年开启了海尔自身的颠覆性转型之旅，并于 2005 年引入了“人单合一”这一新管理理念。

通用电气家电员工的挫败感、诺兰的愿景，以及海尔自身的信仰和转型，在很大程度上成为通用电气家电在 2016 年被收购后开始变革的触发因素。

2016 年，通用电气家电是一个机械型组织

2021 年初，为了评估通用电气家电被收购时的状况和地位，

我和其他研究人员要求公司高管回顾当时的情况，然后从图 9-1 中的 9 个维度进行打分。这些维度的选择参考了我和奥林格的著作中的概念（如下所示），它们是用来分辨以增长为导向的创新型企业与明茨伯格所描述的机械型组织的标准。

◎ 高管关注的主要领域。
◎ 该领域的前进方向。
◎ 主要的文化要素。
◎ 领导风格。
◎ 期望员工拥有的能力。
◎ 人员 / 任务的组织和协调。
◎ 数字化的沟通流程。
◎ 创新流程。

通用电气家电的高管了解了这些概念和排名系统之后，被要求对每个维度进行打分，分数从 1 到 6。数字越小，意味着公司越像是机械型组织，而较大的数字则意味着公司更接近硅谷企业或受人单合一模式影响的企业。对分数进行汇总和计算后，我们得到了一个明显的结果（见图 9-1），即高管团队认为 2016 年的通用电气家电是一个机械型组织。

在第 10 章，我们将看到通用电气家电转型之后的分数变化。现在，让我们先来深入了解该公司被收购和转型前的情况。在采访中，高管团队解释了他们给出的分数，并对 2016 年通用电气家电的情况进行了更开放的评论和描述。①

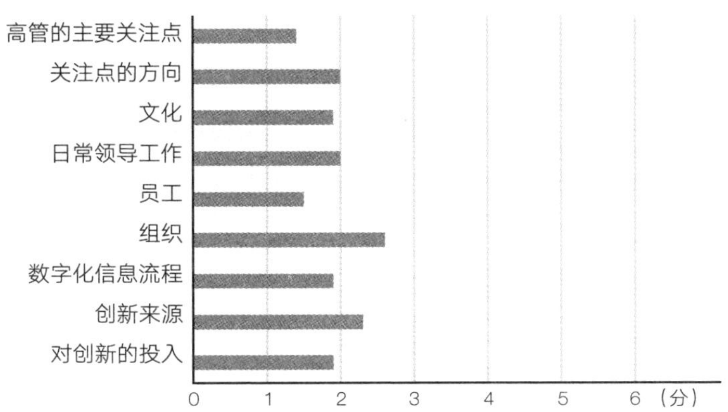

图 9-1　通用电气家电被收购前的情况

资料来源：Steiber, A. (2021). *The transformation of GE appliance.* Report for Haier Management Institute.

不损害，关注的重心在内部

在被收购之前，通用电气家电主要关注成本削减和盈利能力，在业务剥离阶段，这些方面自然应该得到关注，而且这也是通用电

① 本章所有的引文都来自我对高管们的采访，个别受访者选择匿名。

气文化所驱动的，这种文化强调风险规避：

> 在通用电气，一切都以“不损害”为原则。
>
> 我们管理着投资项目、定价策略和渠道策略，以提高盈利能力。

在北美市场，通用电气家电被期望成为快速的追随者，而非领导者。此外，高质量和可靠的产品是通用电气品牌声誉的关键。

> 通用电气品牌的声誉建立在高质量和可靠性之上。你必须专注于内部流程，以确保能延续品牌荣光。

因此，通用电气家电的关注重点在内部，通过对运营的高度控制来确保效率和质量，采用了六西格玛、方针管理目标以及后来的精益生产等方法。几名受访者接受了六西格玛培训，并成为这一理念和方法的“黑带”倡导者。通过这些方法，通用电气家电确实将重点放在了流程和效率上，并且为大多数事情设置了清单。举个例子，市场营销部有一份清单，上面列出了 50 件需要在产品发布前检查的事项。此外，通用电气家电还有一个大型质量控制部门，由负责质量控制的副总裁领导。通用电气家电采取了一系列措施，试图更好地了解用户及其需求。但归根结底，它相信自己就有能力开发出新产品和新功能，并推向市场。此外，正如一位受访者所说的那样，零售商希望获得的是“有更多同质性但价格更低的产品”。因此，通用电气家电的重点是量产标准化产品，并尽可能提高成本效益，而并没有真正跟进售后服务：

> 对新产品的所有测试在产品卖出去后就停止了。对组织来说，这是终点线，但对我来说，这是起跑线。

这种对公司内部的关注持续到了 2017 年上半年。那个时候通用电气家电的转型开始了。在第一年，公司由于同时实施了几项变革，所以需要倾注极大的注意力和精力。

> 我们专注于内部，因为我们都试图弄清楚品牌、产品线之类的问题。这些很复杂。

内部人优先，薪酬与绩效无关

截至 2016 年初，通用电气家电的大多数员工都已经在那里工作了很长时间，甚至很多人的整个职业生涯都是在那里度过的。当时，人们高度重视自身的技术和操作能力。因此，通用电气家电想要雇用的是家电领域的专家和领导者。有受访者提道：

以前，我想找一个技术能力过硬的人担任产品管理者职位……一个来自我们自己的技术团队并在那里工作了多年的人。

面试更注重实践知识，而不是其他任何东西……公司不仅缺乏创业能力，而且缺乏多样性。

通用电气家电的员工主要从内部招聘和晋升，因此它在竞争力和能力方面的“基因”几乎不受外部影响。由于人们在一起工作了多年，所以创造了一种“如家庭一般”的氛围，人们合作得很好。然而，也有人认为公司内部存在权力斗争，这是因为公司关注的重点是人们自己所在的内部单位，而不是市场需求。

公司总是遵循“内部优先”原则，所以员工并不知道公司在市场上的表现能否达到预期水平。尤其是在工厂里，员工在制造基石，却不知道他们建造的其实是一座大教堂。有受访者感慨道：

在工厂里，没有人知道我们是在赢得市场还是在输掉份额。

当时，通用电气家电采用的薪酬模式由工资、通用电气的股票期权和奖金制度三部分组成。重要的是，奖金制度是为高管制定的，与个人表现无关，而是与资历和任期有关。员工认为奖金制度并不那么透明，他们有时候很难理解为什么某位领导者从公共资金池中获得了额外的几个百分点的奖金。

重点是变得更精益

当时，通用电气家电的文化特点是，通过专注于质量、可靠性和成本效益来捍卫其市场地位，管理层更关注盈利能力和现金流而非增长。一位受访者直言不讳地提到了这一点：

> 通用电气家电的关注点基本上是现金流和利润，没人在乎公司是否增长了。我们已经多年没有增长了，不是吗？从我来到公司开始，业务规模就一直保持不变。

有趣的是，由于关注成本效益，所以通用电气家电依然被视为一家适应性强且注重快速学习的公司。然而，这背后的驱动力是提高效率的潜力，而不是增长。正如一位受访者所说的那样：

> 为了持续降低成本，你必须适应。当有人找到一份新工作时，他必须很快想出该做些什么才能变得高效，在标准化操作中发挥他的作用。这就是机器的工作原理。

总体而言，通用电气家电拥有一种注重快速学习从而更加“精益”的文化。

自上而下的官僚结构

每位受访者都将 2016 年初公司领导者的风格描述为：自上而下，命令和控制。还有一些受访者认为领导者是“以商业为导向”的，对产品没有真正的热忱。

> 我认为这是一种自上而下的管理模式。我们使用精益生产和方针管理目标，但这可能不是最好的方式……为了推进业务战略和人们应该做的事情……公司不允许任何事情自然发生，这是为了控制每个人的行动……

尽管通用电气家电的领导风格被认为是自上而下的，且充满官僚主义作风，但一位曾在通用电气担任公司审计师的受访者提到，与通用电气的其他业务相比，通用电气家电的领导风格要宽松一些。然而，由于通用电气家电关注控制，所以决策需要逐级上报才能获得批准，这减慢了决策过程。投资决策是由副总裁组成的投资委员会做出的，副总裁需要审查会议中所必需的表格，审批过程非常烦琐。例如，一笔 5 万美元的投资需要召开 4 次会议，才能获得

4 个不同职能部门人员的批准。

在通用电气家电，领导者的权力基于他的资历。领导者一般是从内部提拔上来的，很少有人是从外部招聘来的。受访者表示，最高领导者之间不进行公开的讨论。对决策的讨论是在领导层会议之前，由关键利益相关者组成的小团队进行的。这种方式将“惊喜”最小化了，会议内容全部集中在讨论协议和决定上。正如一位受访者所言：

> 我们没有任何惊喜，也没有公开的讨论。

从效率而不是用户角度进行自我优化

2016 年，通用电气家电的矩阵结构主要以职能为导向，这意味着预算和权力掌握在不同职能部门的手中。通用电气家电被视为典型的通用电气组织，结构清晰，但官僚作风严重。有受访者表示：

> 我来自宝洁，那里的一切都有流程……我要说的是，这个组织非常庞大，官僚作风非常严重。
>
> 我认为通用电气家电有着自上而下的官僚结构，我来的时候就已经是这样了。我觉得它很像一台机器……我很

怀疑，即使没有人，它也会继续以同样的方式运行。

在这里，人们彼此都很了解，并且对各自的角色和责任很清楚，在这里任职很长时间的受访者认为，其管理结构介于“高度官僚”和“扁平分权”之间。

我们的结构总是很清晰，本质上是扁平结构。

通用电气家电强调成本效益，因此流程改进成为其重点。每个职能部门都是从效率而不是用户的角度进行优化的。因此，领导者用来追踪公司表现的指标主要是自我关注，而不是整体业务情况。

对许多职能人员来说，这是在优化他们自己的组织、流程或产品。财务部门、制造部门、人力资源部门都希望成为最好的职能团队。

通用电气家电主要通过明确的程序、角色和职责来协调人员和任务，同时运用方针管理方法来确保任务按照计划完成。

高管们普遍认为，2016 年通用电气家电的数字化信息处理程度较低。有些人指出，母公司通用电气推动了许多数字化行动，他们想知道为什么这些行动不是由通用电气家电自己推动的。

创新从内部有机产生

2016 年，创新是从通用电气家电内部有机产生的。高管们认为，公司在创新工作中相当被动，比如它经常按照竞争对手的做法行事。即使公司用外部创新，这些创新也是来自上游供应商，而不是来自用户。只有 FirstBuild 是一个例外。

此外，高管们认为通用电气家电的创新是由技术驱动的，并且这是由公司的研发和产品管理人员完成的，很少有人认为其他部门参与了创新工作。通用电气家电没有把重点放在组织创新上，它采用了一些现成的工具，比如六西格玛、方针管理目标和精益生产。

本章中的打分结果和评论总结了通用电气家电在被收购和转型之前的状态。从各个方面来看，该公司的管理方式都接近传统的机械型组织，内部非常关注成本效益、盈利能力和风险规避。在第 10 章，我们将看到该公司在转型过程中发生了多么巨大的变化。

管理清单

LEADERSHIP FOR A
DIGITAL WORLD

在 2016 年被海尔收购前，通用电气家电是一个机械型组织，其内部特点有：

1. 内部文化强调规避风险，关注的重点在内部。
2. 内部人优先，薪酬与绩效无关。
3. 管理层更关注盈利能力和现金流，而非增长。
4. 领导风格是自上而下的命令和控制。
5. 每个职能部门都是从效率而不是用户角度进行自我优化。
6. 创新从内部有机产生。

第 10 章

颠覆性转变：2021年的通用电气家电

Leadership For A Digital World

现在让我们继续从第 9 章提到的 9 个维度展开，看看高管们是如何评价 2021 年初的通用电气家电的（见图 10–1）。

高管们认为现在公司正在实践人单合一模式，而不再采用机械型组织模式。这种转变基于公司在社会、技术和文化等多个层面的变革，只能用“颠覆”来形容。事实上，高管们认为，2021 年初的公司几乎是一家“新”公司。这一点描述了关键维度的变化，下文将进一步展示这些变化。[①]

成为美国领先的家电公司

在 2016 年，通用电气家电高管关注的重点是成本效益、盈利

① 本章所有引文都来自我在 2021 年对通用电气家电高管的采访，个别受访者选择匿名。

能力和快速追赶能力，但 2021 年初他们的关注重点已经完全不同。通用电气家电的目标是成为美国领先的家电公司，这一新级别的目标最初是由公司新的所有者海尔推动制定的，这个目标也是通用电气家电向增长型思维转变的强大而持续的诱因。

> 这些影响肯定是我们的引领目标造就的。海尔对我们有期望，也看到了我们的潜力。现在，我们有信心沿着这条道路前进，并实现增长。

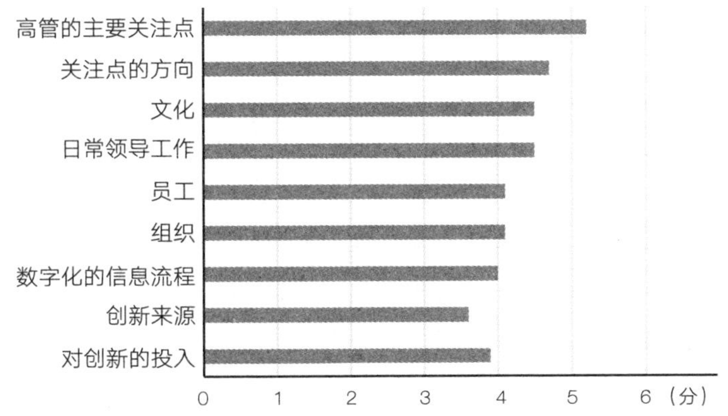

图 10-1　高管对 2021 年 2 月通用电气家电的情况评级

资料来源：Steiber, A. (2021). *The transformation of GE appliance.* Report for Haier Management Institute.

整个公司现在更加关注的是增长，而不是成本效益。通用电气家电提出了引领目标，旨在引领整个公司延伸到创新思维和突破性思维，以达到新的绩效水平。高管们认为关注点的变化是“鼓舞人心”的。

> 这对每个人来说都具有激励性，这种心态改变了我们开展业务的方式。
>
> 如果没有增长，我们就不可能成为行业的第一领导者。

盈利能力和现金流仍然很重要，但它们现在更多的是“保健因素”，或者是通用电气家电保持增长所必需的次要因素。

> 能够盈利的业务是实现增长所必需的。

成长型思维模式使得高管们的关注重点也发生了变化，从关注内部转向了关注外部。关注外部不仅是增长带来的自然结果，也是通用电气家电越发重视用户，以及从“硬件思维”向用户体验思维转变的结果。

> 对许多职能部门来说，这跟优化它们的组织、流程或产品有关。今天，我们更关注与零售商和消费者的关系。
>
> 我认为我们更关注外部，比如消费者洞察，这是用户体验与硬件思维的对比。

不再雇用更多同质的人

2021 年初，一些受访者举例说明了他们当时如何寻找和雇用他们以前从不会雇用的人。

> 我最近为某部门聘请了一位新的产品经理。我与招聘人员一起寻找有行业经验的人……他可以帮助我们学习我们不知道的东西。
>
> 我雇用的都是有工程背景，并在质量和设计方面能力出众的产品经理。我刚雇用了一名新的产品经理。我更新了工作描述，要求应聘者不仅拥有产品方面的能力，还拥有服务、生态系统和物联网方面的知识。我们需要了解如何为我们的用户创造增值的产品。我们有运营部门，但我们需要在物联网领域领先。

高管们如今已经不再雇用更多同质的人了，而是挖掘员工不具备的能力，例如新技术，或销售产品和服务的新方式。据高管们称，这一变化背后的关键驱动因素是发生了重大变化的引领目标，以及从提供产品到提供卓越用户体验的观念的转变。另一个发挥重要作用的因素是旨在增强多样性和包容性的举措，这在通用电气家电以前是一个“封闭”系统的情况下尤其有作用。

2021 年的薪酬模式对公司转型起到了根本性作用。根据人单合一的理念，薪酬必须反映并奖励公司、团队和个人的价值创造。因此，被海尔收购之后，通用电气家电逐渐开始改变薪酬模式，以更好地响应用户付薪原则。现在，员工的奖励是基于他们创造的用户价值，员工会去思考未来要实现公司引领目标，他们可能需要哪些能力和技能。

面向未来保持增长

在文化方面，通用电气家电从注重效率和控制转向注重有效性和适应性，几乎实现了 180 度的大转变。改变文化通常需要很长时间，在通用电气家电，企业文化在短短 5 年内就实现转变，这是非常快速的。一些高管注意到了这一事实，他们对通用电气家电内部的变化速度之快感到惊讶。

> 我经历过很多不同的文化。文化发展通常都是很缓慢的。通用电气家电的转变速度之快让我感到惊讶，因为一种文化通常需要多年才能改变。

引领目标的实现，是公司在思维方式上快速发生变化的一种重要体现。

> 如果不回应市场，公司就不能以我们希望的速度增长。因此，我们高度重视适应性。

其他因素包括结构的变化、决策权的下放，以及薪酬模式的更新。

> 我认为这在很大程度上与我们试图解决的问题，以及如何让我们的组织来解决这个问题有关。这加速了我们的文化转变。

通用电气家电还发生了一个有趣的转变，即人们开始考虑更加长远的问题。这也是因为他们受到了公司新的所有者海尔的影响。

> 人单合一模式的一个支柱是“投资未来”，它会让你更多地思考，为了实现目标，你还需要做些什么。

领导层更具授权性和便利性

当公司的关注点从效率和控制转变为有效性和适应性时，领导风格也必须随之改变。高管们认为，2021 年初，通用电气家电的领导风格不再是自上而下的，不再充满命令和控制。相反，他们认为目前的领导层进行了更多授权，且更灵活。

支持这一观点的观察主要涉及两方面，其一与高层的新领导有关。

> 我认为最大的推动力源自我们的首席执行官凯文·诺兰，他不断强化自己的决策理念。他说，责任不在于一个人或几个人。相当长一段时间以来，他一直都在坚持这一观点。

其二与新的组织结构有关。通用电气家电在转型早期逐渐弱化了等级制度，包括盈亏责任和决策权。例如，2016 年，洗衣店业务的领导在重新分配 50 万美元的预算时，必须在几次审查中申请许可和批准，包括一次财务审查和一次首席执行官审查。2021 年，他无须任何批准，就有权重新分配多达 500 万美元的预算。这个 10 倍的上限使他能够更加自主、灵活和快速地行动。公司的其他部门也发生了类似的变化。

此外，当决策权被下放到组织的更低层级时，首席执行官就不需要在审查和批准等内部事务上花费太多时间，从而有更多的机会放眼长远，专注于新业务。

围绕用户需求和增长进行调整

高管们对通用电气家电的看法发生了巨大变化，2021 年它被描述为权力分散的扁平化组织。这很不寻常，因为只有一个层级被取消了，整体结构仍然是矩阵结构。通用电气家电还采取了其他行动，并且该结构内的工作经验已经变得非常不同。矩阵中的预算责任发生了 90 度的变化。各种现有的和新的产品线都被标记为小微。这里的“小微”指的不是规模，而是快速、灵活的组织。按照人单合一的理念，小微被视为独立的公司，所有员工都要面对用户或内部客户，并根据他们为这些用户或客户创造价值的程度获得奖励。

到 2021 年初，通用电气家电已经运行多个小微，包括一些大型公司、一些小的新公司。这种结构几乎可以与谷歌甚至 Alphabet 的结构相媲美，即允许新旧公司共存。此外，每个小微都有三项权力：决策权、用人权，以及向小微员工分配奖励和报酬的薪酬权。

通用电气家电的另一个重要变化是在组织内建立平台，为小微提供服务和支持。营销、销售和法律等职能部门是业务平台，制造、采购和供应链管理等职能部门则是运营平台。这种变化不仅仅是标签或结构的变化，而且是涉及员工思维的转变，从“职能为王”转变为“职能为小微服务”，然后小微又为用户服务。新的安排有助于组织围绕用户需求和增长进行调整，同时也促进了小微和平台之间的横向沟通和协调，从而使公司变得更加灵活，能够快速变化。

> 在这种结构下，它们（小微）在我们的工厂运营方面拥有同等的管理权和决策权。这看起来可能更官僚化，但实际上，我们的沟通效果比以往任何时候都好。我们比以往合作得更好，决策速度指数级加快。

与此同时，新的品牌概念“品牌屋”增加了小微之间的一致性，因为每个小微都必须“不辜负”品牌。“品牌屋”背后的理念是，一个品牌内所有产品的用户都将获得相同的用户体验，无论用户购买的是冰箱、炉灶还是洗衣机。因此，品牌屋成为专注于交付不同产品的小微之间最有效的结盟机制。

至于协调人员和任务方面，通用电气家电已经从详细的命令和标准化流程转变为将领导目标部署到公司的各个层面，并在小微主和平台之间实施“轻”合同。

最后，高管们认为，在 2021 年，沟通流程的数字化程度得到了大幅提升。这背后的一个推动力是，新型冠状病毒肺炎疫情迫使每家公司的沟通流程都变得更加数字化。自被收购以来，通用电气家电还积极投资全面数字化通信领域，因为用户零距离是人单合一的重要原则之一。

> 我们投入了大量精力，并努力确保实现数字化。无论是工厂的运营流程，提高自动化程度，还是从工厂操作人员或销售人员手中获得信息……我们创建了数据库，开始进入商业分析领域。

2020 年秋天，通用电气家电通过数字渠道与用户建立了直接联系。它建立的 SmartHQ 计划是通过数字化与用户直接联系的关键工具之一。这是一个端到端的解决方案集，包括面向通用电气家电智能产品用户的移动应用程序，使用户能够轻松使用和管理设备，同时也使业务合作伙伴能够与通用电气家电合作，更高效地服务于产品。通用电气家电现在提供超过 450 个智能联网产品，从空调和热水器到厨房和洗衣电器，因此这样的工具变得至关重要。SmartHQ 计划可提供智能配送、车队管理、服务诊断和终端用户控制等的数字解决方案，以及连接和协调功能的数字解决方案。通用电气家电希望成为“家电领域的安卓”，并使用来自谷歌、苹果和其他领先厂商的软件解决方案。据通用电气家电描述：

> 我们正在投资 SmartHQ，为分销、管理、服务和家

庭创建智能且真实的数字解决方案。我们一直在努力更好地为用户和业主服务。SmartHQ 将确保我们在一个越来越数字化的世界中继续保持领先地位。

此外，根据丹娜·左哈尔（Danah Zohar）的说法，通用电气家电现在拥有一个广泛的工厂服务系统，这在家电行业是独一无二的。作为用户零距离战略的一部分，通用电气家电已经控制了分销和用户服务业务，其呼叫中心每年处理 1 000 多万次用户呼叫。

创新计划激增

在通用电气家电，创造新价值的重点已经从主要由内部驱动转向主要由外部驱动，从以技术为中心转向以用户为中心。成为美国第一大家电供应商的这个引领目标，迫使通用电气家电在公司之外寻找新的机会。员工对创新的参与度总体上有所提高。一些受访者提到了市场营销和业务领导在公司创新中的作用，以及一些小微参与的绝妙创意行动。有些人认为，通用电气家电对 FirstBuild 的投资，加强了公司对创业的兴趣。有趣的是，由于需要新的工作方式来实现引领目标，并在数字时代保持相关性，高管们对组织创新的关注度也呈指数级增长。

2016—2021 年，高管们对通用电气家电的看法发生了很大变化。该公司的转型着眼于外部，极具颠覆性，而且速度相当快。

为了更深入地了解通用电气家电的转型，第 11 章将探讨公司领导者是如何解读和应用人单合一模式的。

管理清单

LEADERSHIP FOR A DIGITAL WORLD

被海尔收购后，通用电气家电的改变：

1. 目标是成为美国领先的家电公司。
2. 不再雇用更多同质的人。
3. 面向未来保持增长，从注重效率和控制的文化转向注重有效性和适应性的文化。
4. 领导层更具授权性和便利性。
5. 围绕用户需求和增长进行调整。
6. 创新计划激增，从主要由内部驱动转向主要由外部驱动，从以技术为中心转向以用户为中心。

Leadership For A Digital World

第 11 章

通用电气家电如何看待人单合一

对通用电气家电来说，采用人单合一模式是一个没有明确的终点，可能还会随着时间的推移而不断改进愿景的旅程。凯文·诺兰认为，这与六西格玛之类的概念有很大不同。运用六西格玛，要进行目标说明，阐明这些目标应该是“具体的、可测量的、可实现的、相关的和有时限的”。

当然，在人单合一模式下工作的人也可能会为任务或项目设定有限的目标和时间表，但总体方法更像是戴维·蒂斯的“动态能力模型”，目标是使公司具有高度适应性，从而能够产生目前无法定义甚至预测的结果。对通用电气家电的高管们来说，人单合一意味着从集团到个人层面创建创客型公司。

> 我认为这是一个分形。我看到一个创客公司，将它放大后看到了小微，再放大后看到了那些创客个人。

这里的分形是一种贯穿于复杂动态系统的永无止境的模式。

通用电气家电对人单合一的诠释包括一些总体目标和核心原则，这些都激发了潜在的流程和实践，旨在引导、促进和激励人们从事卓越的创新工作。海尔直接采用以下三大原则。

◎ 提供卓越的用户体验。
◎ 依赖创客能量。
◎ 在所有参与者之间进行价值共享。

此外，海尔还有一系列支持要素，作为维护和实现这些原则的“支柱”。接下来，我将尝试说明通用电气家电人单合一的目标和关键原则（见图 11-1）。请注意，图中的顶部有一个总体愿景，它实际上是对公司新身份和目标的陈述。通用电气家电已宣布要成为“物联网时代的增长平台”。它的引领目标与这一愿景相一致。总体愿景下面是关键的支持原则，让我们逐一进行分析。

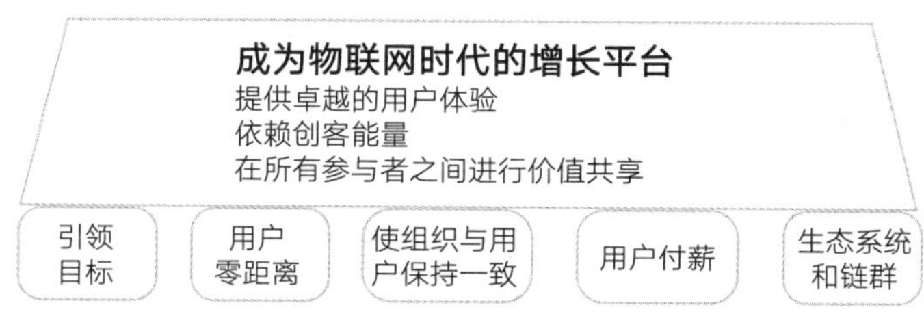

图 11-1 通用电气家电对人单合一的诠释

资料来源：Steiber, A. (2021). *The transformation of GE appliance.* Report for Haier Management Institute.

制定引领目标

左哈尔表示，通用电气家电不再拥有传统的战略部门，其首席执行官诺兰将日常运营工作留给了小微和平台。现在，战略方向取决于公司设定的引领目标。当小微和平台中的人面临挑战时，他们需要拓展思维，扩展或者改进工作，以帮助公司实现这些雄心勃勃的目标。例如，公司的一个引领目标是，将公司在北美家电市场的地位提升为领先供应商，这需要依靠粗放式增长，因此不仅是产品方面，而且流程、营销和组织方面也都需要创新。

此前，通用电气家电曾使用方针管理方法规划系统来部署目标，控制人员和任务。现在，它进一步将方针管理发展为一种更具协作性和自组织性的自下而上的方法，以实现引领目标。

> 我的个人奖励与小微的表现息息相关。

通用电气家电部署了短期目标（1 年）和长期目标（3 年），长期目标与公司的关键举措有关，例如实施新的品牌战略“品牌屋”；公司、团队和个人达成的目标越好，获得的奖金就越多，奖金反映了每个人为用户创造了多少价值。高管的奖金取决于短期目标和长期目标的进展，其他人的奖金则取决于短期目标的实现情况。

尽管这没有被纳入图 11-1 之中，但有一位高管提出，长期主义是人单合一理念的另一个重要元素。她称之为“投资未来”：

> 我正在投资那些需要投资的项目，虽然这样做会影响我的小微的盈利能力，但我知道这将在长期得到回报，将促进我的小微的增长和盈利能力。我正在牺牲一些短期盈利能力来换取业务的长期利益。

通用电气家电在被海尔收购之前，其团队就已经展望了未来 5 年和 10 年的规划，这种长期规划是“增长攻略”中的一部分，只是当时的预测仅限于两年内。更新版的“增长攻略”考虑到了从现有的小微中孵化出的新小微。

每一个决定都关注用户

用户零距离意味着将用户特别是终端用户置于中心。要让公司围绕用户运转，而不是让用户围绕公司运转。通用电气家电完全采用了人单合一模式的这一原则。

> 我们做出的每一个决定都关注用户。
>
> 贴近消费者的个人体验对我们来说是神圣的职责。

用户零距离可以被视为一种愿景，体现了公司与其用户之间的每一个障碍和隔阂都应该被消除的理念。实现这一愿景的关键因素是社交媒体等数字技术。

使组织与用户保持一致

通用电气家电致力于使组织与用户及其需求保持一致，并在业务中建立真正的端到端问责制，以满足用户的需求，从而创造终身用户。通用电气家电完全采纳了这种方式，目前采用的是由平台支持的小微模式。这里的“微”不是指规模小，而是指灵活和对用户需求非常敏感。为了让小微内部的人员与端到端的流程和用户体验保持一致并对其负责，决策必须下放给组织内部，更接近市场。因此，基于海尔授予中国的小微的“三权”——决策权、薪酬权和用人权，小微拥有高度的自主权。

此外，正如通用电气家电的一位受访者所描述的：

> 项目在小微层面进行审查，我们必须确保决策和产品满足销售和品牌团队的要求。只有最大的“双 A”项目仍然需要执行委员会的审查。

改变定价策略就是通用电气家电的大项目，因为它将对业务产生价值数百万美元的影响。

当谈到整个组织的一致性时，要包括在某种程度上与某个特定小微合作的所有人。这些人要么直接向小微主汇报，产品经理、商业总监或商品经理都是如此（这些角色在小微中大多不超过10名），要么与小微主有某种不明显的联系，例如制造人员、采购人员，或者为其他“平台”工作的人。

借助小微结构，通用电气家电成功启动了几项新业务，这些业务发展成了小微，领导者来自通用电气家电内部或外部。例如，2019 年，该公司资助了一家名为 Chibo 的新公司，这是一个交互式烹饪平台。虽然通用电气家电此时没有正式的孵化器项目，但这个例子表明，它实际上正在孵化新的业务，作为其小微结构的一部分。该结构允许组建和支持不符合传统财务指标的公司。新小微的融资要么通过正常的业务规划周期进行，要么通过小微领导者重新分配资金来进行，这些领导者有权支持此类计划。这方面的一个例子是休闲车倡议，该倡议由 Zoneline 小微的一群热爱户外生活的员工发起，由 Zoneline 小微直接资助。

小微结构还允许通用电气家电利用已经拥有知识产权和能力的业务来开发新业务，例如热水器业务提供了 6 000 万美元，用于将一个旧设施改造成新的热水器工厂。如果小微无法从通用电气家电自己的服务平台获得所需的支持，那么他们可以向外部第三方寻求帮助。

另一个第三方融资机会是向投资委员会提交新小微的商业计划书，该委员会有“机会基金”的审批权。总之，组建和资助小微的安排使通用电气家电更加灵活、反应迅速，成为市场上的挑战者。一位受访者谈到了新旧系统的不同之处，旧系统中的新产品理念是在 FirstBuild 构思出来的，必须“翻墙”进入运营单元才能使产品推向市场：

> 从 FirstBuild 到通用电气家电之间有一条潜在的创新路径，但它必须符合传统指标并通过工厂优化才能实现商业价值。小微模式创造了一种自然的能力，可以创建我们未曾涉足的业务。通用电气家电有多种融资机制，传统的机制是通过业务规划流程。我们可能更愿意延长投资回收期。我们还有一个机会基金，可以用于新的商业宣传，或用于我们有能力的增量机会。我可以打电话给投资委员会，介绍一个全新的小微。

关于新商业机会的创意，通用电气家电内的一些小微已经采用了 Shark Tank 计划。这是一个由小微主导和资助的计划，员工在该计划中提出想法，以增强、扩展或改进该小微当前和未来的产品和服务。在我撰写本文期间，通用电气家电正在准备新产品，这些新产品最初是在 Shark Tank 会议中被挑选出来的。

对已成立的小微来说，保持动态性并与用户保持相关性也很重要，所以只有年度规划是不够的。不过，将决策和资源分配授权给小微主确实创造了一个动态的、响应迅速的环境：

> 对小微来说，第一重要的是资源分配的灵活性。在过去两年中，我们取得了惊人的业绩，但我为获得预算而展示的产品并不是我最终交付的产品。

根据为用户创造的价值分配价值

在海尔的领导下，通用电气家电改变了薪酬模式，根据员工为用户创造的价值来分配价值，这些价值以一部分个人奖金的形式分配。除此之外，通用电气家电的员工也有固定工资。如前所述，这种用户付薪的概念是人单合一的原则之一，通用电气家电改造后的薪酬模式也符合这一原则。

培养、创建生态系统与链群

我在与通用电气家电高管的访谈中发现的最后一条原则是，注重生态系统和链群。海尔坚信，任何一家公司都需要摆脱以产品为中心的模式，培养、创建有更高价值和更好用户体验的生态系统。根据海尔的理念，生态系统要像热带雨林一样开放。生态系统中的每一个参与者都扮演着至关重要的角色，他们都生活在共生关系中。链群是大型生态系统中的小型生态系统。在中国，小微有望结成链群，以创建终极用户体验。

通用电气家电希望成为“家电领域的安卓”。它开发和建成了智能平台 SmartHQ，拥有多个互联智能设备的用户可以使用 SmartHQ 来远程监控设备。该平台还可以让经销商和服务承包商等合作公司与通用电气家电和用户协调工作。为了更进一步，通用电气家电一直在讨论生态系统在未来对它意味着什么，以及如何像海尔那样创建链群。该公司认为，许多不同的参与者需要以某种方式进行协调。但在 2021 年底，通用电气家电还没有准备好签署链群合约。

通用电气家电对人单合一的诠释，在核心原则方面一直忠于海尔理念。唯一的例外是前者相信员工可以在内部市场中竞争上岗。

通用电气家电在实践中对原则进行了调整。例如，为了与人单合一保持一致，公司修改了以往使用的方针管理和“增长攻略”等。此外，像 Shark Tank 计划这样的新生倡议也如雨后春笋般涌现。随着通用电气家电继续遵循人单合一模式，并完善尚未完全开发的部分，特别是链群的形成，公司可能会出现更多与众不同的特点。

通用电气家电在公司的管理模式方面已经发生了 180 度的转变。公司的领导者和整个公司的员工对公司的看法不同了，他们的文化和信仰体系也发生了变化。首席传播官安东尼奥·博达斯（Antonio Boadas）绘制了一幅图，说明了这些根本性的转变（见图 11-2）。

管理原则			文化信仰		
公司	→	**平台**	员工	→	**创客**
管理	→	**愿景和领导力**	公司至上	→	**用户至上**
科层制	→	**小微**	力争不输	→	**力争赢家**
自上而下	→	**赋权**	应对竞争	→	**引领竞争**
公司付薪	→	**用户付薪**	创新风险	→	**拥抱机会**

图 11-2 通用电气家电在管理原则和文化信仰上的转变

资料来源：Steiber, A. (2021). *The transformation of GE appliance.* Report for Haier Management Institute.

第 12 章将简要介绍一个用于分析通用电气家电转型的模型。我们将回到最初，追溯通用电气家电是如何在全公司范围内实施人单合一的。

管理清单

LEADERSHIP FOR A DIGITAL WORLD

1. 通用电气家电对人单合一的诠释包括海尔的 3 大原则：

（1）提供卓越的用户体验。

（2）依赖创客能量。

（3）在所有参与者之间进行价值共享。

2. 通用电气家电对人单合一的诠释有如下支持要素：

（1）制定引领目标。

（2）每一个决定都关注用户。

（3）使组织与用户保持一致。

（4）根据为用户创造的价值分配价值。

（5）培养、创建生态系统与链群。

Leadership For A Digital World

第四部分

百年传统企业究竟是如何成功转型的

Leadership For A Digital World

第 12 章

5 步流程，理解转型的框架

为了分析公司转型，我们需要一个框架或概念模型来帮助我们识别有趣的事件，梳理我们的分析和发现。对通用电气家电来说，我们选择的框架基于数十年来关于管理创新（如全面质量管理、精益和谷歌模式）如何在组织内部传播的研究。

5 步流程，对现实的简化建模

该框架是对现实的简化建模，展示了组织在采用和实施新的工作方式时最常见的 5 个主要步骤。

- ◎ **明确可取性：**当公司中的人——至少是高层领导者，感受到并理解做出改变的必要性时，转型就开始了。
- ◎ **确定可行性：**人们确定（或被说服）、相信可以引入一种新的工作方式并从中获得结果。

◎ **初次试验：**通常情况下，新方式会在公司选定的一个或多个单位中试行。

◎ **实施：**如果试点成功，新工作方式根据试点经验进行调整后，将在全公司范围内逐步实施。

◎ **持续变革：**这涉及要确保公司坚持采用新的方法，继续改变和改进，而不是退回旧的方式。

公司采取这 5 步流程的能力，或者说采取这些步骤的难易程度，取决于该公司的历史轨迹，这个轨迹是长期以来形成的，有路径依赖性。如果现有工作方式的投资回报增加，且董事会成员、高管和员工之间存在惯性，转型就会变得更加困难。惯性（对变革的抵制）可能植根于公司的资源（品牌、人员、设备等）、结构和流程，以及文化中。在所有这些因素中，最难改变的是公司的文化，即如何最好地组织其业务运营和员工以获得成功这一普遍信念。如果思维模式可以改变，那么结构、流程和资源使用方面的改变就会相对容易。如果一种新的工作方式不符合公司当前的思维模式，那么最好的策略可能是在公司之外对策略进行测试并评估其效果。然而，公司在走到这一步之前，必须有一种改变的渴望——对替代解决方案持开放态度，并开始探索它们。此外，如前所述，新的解决方案还必须被视为对自己的组织和业务可行。

影响 5 步流程的 3 种因素

前述 5 个步骤都受到下面 3 种因素的影响。

◎ 将要引入的创新的特点。
◎ 组织的内部环境。
◎ 外部环境和“传播机制”。

举例来说，传播机制可以是研究人员、顾问、新的首席执行官，或其他提出新的工作方式的人产生的在组织内部变革的渴望。基于这种想法，这些人甚至可以为组织提出一个可行的解决方案。

探索新的组织解决方案的触发因素，通常可能是以下几种力量中的任何一种。

◎ 可感知到的经济危机。
◎ 组织内部的财务危机。
◎ 新的市场需求。
◎ 新所有者的要求。
◎ 由“榜样”（如其他公司，包括竞争对手、供应商或客户）发起的变革。
◎ 由政府推动的倡议。

◎ 高层领导或董事会成员的以往经验。

◎ 由行业组织、顾问、大学完成的标准化工作，如全面质量管理或精益生产等组织解决方案的包装和描述。

◎ 全球、国家或行业特定的管理潮流。

潮流可以被视为一种“管理趋势”。例如，在许多国家，精益管理已成为一种“趋势”。

通过 5 步流程看变革是如何发生的

以图的形式展示转型过程将可以帮助我们全面理解其框架和过程。图 12-1 围绕一个组织的改进轨迹，将 5 个步骤的循环模式进行了可视化。转型将涉及改变或重新定位轨迹，这反过来又需要我们认识到当前的轨迹是长期以来形成的，并有路径依赖性。也就是说，要认识到组织的历史引导它遵循某种轨迹，这种轨迹倾向于将过往的所有努力集中在特定类型的组织改进上，例如尽可能提高成本效益。

因此，任何新的管理创新的可取性和可行性，以及是否尝试和实施它的决定，都会受到先前工作方式的影响。

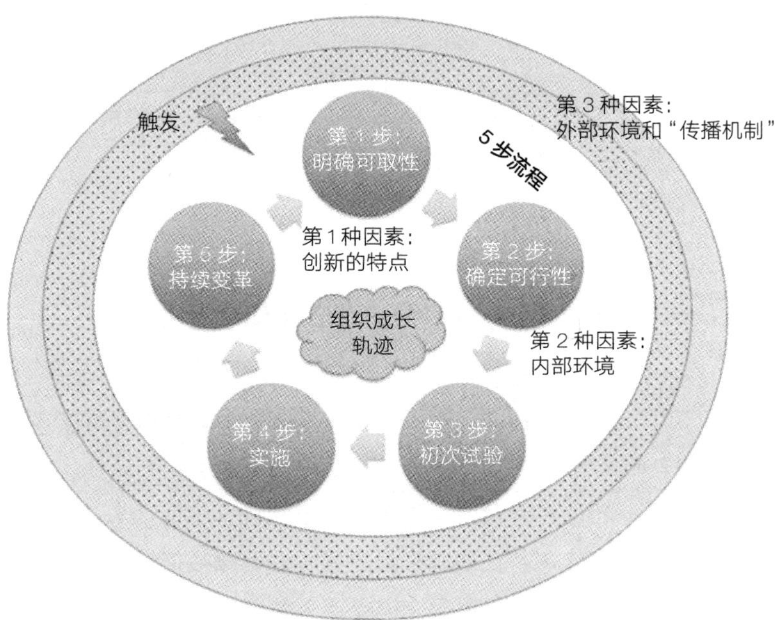

图 12-1　管理变革的框架

资料来源：Steiber, A., & Alänge, S. (2015). Organizational innovation: Verifying a comprehensive model for catalyzing organizational development and change. *Triple Helix,* 2(1), 1–28.

图 12–1 的内圈代表组织的内部环境。在这方面，管理层和董事会对采用和传播新思维、新工作方式来说至关重要。管理层的历史和经验、对新工作方式的了解（用户能力）以及高管对变革的整体承诺非常重要，这可以减少或增加内部对变革的阻力。

另一个关键点是公司进行的探索和学习过程可能是长期以来形成的，并且也有路径依赖性，就像公司的整体轨迹一样。但公司的员工可以通过有意识地、系统地寻找新的解决方案来突破这一点。

图中的两个外圈代表将知识、经验传递给公司的外部环境和传播渠道。最外圈和它以外的区域可以被视为地方和国家的商业文化、法规和历史形式等外部环境。外部环境还包括特定行业的因素，如竞争压力和波动性。研究发现，竞争压力和波动性的增强会使组织变革的可取性增强。例如，我和奥林格的书中有许多内容描述了由于数字技术行业的压力和波动，硅谷企业是如何对新的管理方法和持续变化持开放态度的。本书第 2 章也指出了这种现象。此外，外部环境还包括管理潮流或趋势，如精益管理。当这些潮流发展到国家或国际范围时，它们会对公司自身的改进轨迹产生相当大的影响。

图 12–1 的内圈，有很多点的区域代表传播渠道，如员工（包括首席执行官）、董事会、用户网络（如竞争对手、客户、供应商

和其他可能成为榜样的组织）、桥梁机构（如行业组织）、教授、顾问等的流动路线。这些传播渠道都可以在“展示”和“证明”管理趋势和新工作方式的可取性、可行性方面发挥作用。

5 步流程中每一步的触发因素（如图 12-1 中的闪电）都可以是前面提到的任何因素，如“管理信念”，它反过来又以管理层对管理创新的感知或经验为基础。又如“顾问经验”，它与单个步骤更相关，通常在初次试验步骤中较常见，在较早或较后面的步骤中则较少见。

在实施和持续变革这两个步骤中，管理层对变革的信念起着关键作用。随着现有的工作方式被打破和取代，改变对每个人来说都是真实的。高管的坚定承诺对于保持这种势头是很有必要的，新工作方式带来的明显好处也很重要。这些都有助于建立人们对变革的信念和对变革的整体内部支持。

本章描述的框架已被用于分析通用电气家电的转型过程，第 13 章将对此进行详细介绍。

管理清单

LEADERSHIP FOR A DIGITAL WORLD

1. 组织在采用和实施新的工作方式时经历的最常见的 5 步流程：明确可取性、确定可行性、初次试验、实施和持续变革。
2. 影响 5 步流程的 3 种因素：
   （1）将要引入的创新的特点。
   （2）组织的内部环境。
   （3）外部环境和“传播机制”。

第13章

改造通用电气家电的准备

在不到 5 年的时间里，通用电气家电经历了一次戏剧性的、彻底的转型。这次转型始于 2016 年，海尔收购了通用电气家电，但后者到 2017 年晚些时候才开始实施人单合一理念的部分管理原则。转型涉及多个方面，包括思维模式、领导力、组织结构，以及人员与任务的协调方式等。随着通用电气家电的增长迅速发生了很大变化，转型的结果也发生了变化。通用电气家电为什么能在这么短的时间内完成转型呢？

埃德加·沙因认为，通用电气家电的转型非常吸引人，非常值得研究：

> 我很好奇通用电气家电是如何让现在的老板按照道格拉斯·麦格雷戈（Douglas McGregor）[①] 的 Y 理论行事的。

① 麦格雷戈在自己的著作《企业的人性面》中对 Y 理论的含义有更详细的阐释。这本书的中文简体字版由湛庐引进，浙江人民出版社于 2017 年出版。——编者注

他们必须在自己的日常行为中做出巨大的改变，了解通用电气家电是如何做到这一点的非常重要。

——人单合一开放大讲堂圆桌讨论会（2021 年）

本章将阐述通用电气家电的成功秘诀。我们深入研究了其转型过程，重点关注为成功创造条件的早期基础工作。本章将使用第 12 章介绍的框架，探讨人单合一等管理创新是如何在组织之间和组织内部传播的。该框架经过了十多年的开发和改进，并在重大管理创新上进行了测试，如全面质量管理、精益管理、谷歌模式和通用电气家电内部设立的创新单元 FirstBuild。我们也会利用这个框架来加深对通用电气数字化部门和西门子等公司数字化转型的理解。①

改变组织轨迹

在被收购之前的 100 多年里，通用电气家电一直受到其母公司通用电气的文化的影响。正如我们所见，在后来的几十年里，通用电气家电一直专注于短期盈利能力和成本效益。在通用电气家电没

① 除另有说明外，本章的所有引文均来自我于 2021 年初在通用电气家电对海尔的访谈。

有被出售的时候，想要获得创新投资就必须确保创新能够产生良好的短期投资回报率，而不是推动长期的指数级增长。公司采用六西格玛和精益管理等方法，主要是为了提高成本效益和产品质量，并通过“质量成本”等内部衡量指标对结果进行评估。

> 我们把质量作为一个内部衡量指标，我们并不关注产品给消费者带来的结果。

为了推广六西格玛和精益管理的方法，公司甚至创建了一个核心团队，由受过严格培训的“黑带”倡导者组成，他们是负责传授专注于控制成本和质量理念的教练。

为了摒弃旧的轨迹，并开启一条专注于更长远的思维和创新以实现增长的道路，通用电气家电必须改变根深蒂固的系统和观念，它们根植于对“公司应该成为什么样子”的观念，这种观念已经过时。对任何一家公司来说，改变这些观念都不是一件容易的事情，少数成功做到这一点的公司通常都利用了非常强大的外部或内部力量。在通用电气家电的案例中，有两股强大的力量：一是新的所有者海尔，作为母公司，海尔有足够的力量来激励这种颠覆性的变革，并为通用电气家电带来全新的思维方式；二是凯文·诺兰成为通用电气家电的新任首席执行官。

改变的欲望，发现未满足的需求

2014 年春天，时任通用电气家电技术副总裁的诺兰对自己的工作感到沮丧。他对公司及其产品充满热情，但认为公司内部既没有激情，也没有抓住新的巨大机会的欲望，而且工作方式也不利于创造增长。正如我们所见，该公司当时专注于财务与风险规避，强调短期盈利能力。诺兰的沮丧促使他与前研发主管纳塔拉扬·文卡塔克里希南建立了 FirstBuild。FirstBuild 提供了一种全新的新产品研发方式，它一直是基于开放式创新、精益创业和平台组织等方法论的。FirstBuild 的创立受到了埃里克·莱斯（Eric Ries）等大师以及洛克汽车（Local Motors）等公司提出的新管理理念的影响。这里要强调的一个重要方面是，FirstBuild 的唯一目的是发现未满足的需求，而通过建立和试行 FirstBuild，诺兰了解了利用开放平台和生态系统进行研发的新方式。这些新的工作方式后来得到了新东家海尔的重视和认可。

2016 年 6 月，海尔收购了通用电气家电。不久之后，诺兰看好的热水器业务被剥离并出售。他随后要求与海尔当时的执行总裁梁海山会面，梁海山曾负责通用电气家电与海尔的整合工作。诺兰问梁海山为什么要这么做。梁海山告诉他，是美国领导团队决定剥离该业务，而且通用电气家电没有采用人单合一模式。梁海山接着说：

> 如果还有人像你一样对这项业务充满热情，如果你们采用了人单合一模式，它就不会被卖掉。

诺兰说，在那一刻，他有所顿悟：

> 就像一盏熄灭了的灯……这引起了我的共鸣，因为我已经寻找了这么长时间，烦恼了这么长时间。这句话帮我厘清了问题所在……我们缺乏激情……对家电行业缺乏深入了解。

诺兰一直认为自己在通用电气家电内部是一个叛逆者，他想向海尔学习人单合一模式，于是决定去中国待 6 个月。

除了顿悟，当时任海尔董事局名誉主席兼首席执行官张瑞敏首次访问 FirstBuild 时，诺兰还有另一个重要的收获。此前，来自世界各地的许多首席执行官都曾参观 FirstBuild，诺兰说，他们都质疑它的创新方式。然而，2016 年，张瑞敏到访时，反应完全不同。他似乎立即理解了 FirstBuild 的概念，并且完全没有任何质疑，这对诺兰来说是一个巨大的惊喜。

> 张瑞敏一进来就懂了。我对这个来到 FirstBuild 只花了 20 分钟就理解了它的人印象非常深刻。他的看法与其

他来到 FirstBuild 的首席执行官都不一样。

这让诺兰更加坚定了去中国学习的决心。然而，在海尔位于青岛的工厂，他第一次接触到人单合一时感到非常费解：

这太混乱了。

他没有找到这种模式的蓝图或包装。他很快就明白了，人单合一是一种哲学，在试图理解青岛工厂的具体实践之前，他必须先理解这种哲学。

人单合一更像是一种含蓄的哲学，你必须理解它。

诺兰很清楚，海尔的工作方式与通用电气家电截然不同。这段经历，加上他在 FirstBuild 的经历，让他相信人单合一可能对通用电气家电有着积极意义。

与此同时，其他人也在学习这种新模式。当时，通用电气家电由长期担任通用电气高管的查尔斯·布兰肯希普（Charles Blankenship）领导，他自 2011 年起担任通用电气的首席执行官，一直按照通用电气的标准管理通用电气家电。但他意识到，随着公司所有权的改变，人们的期望也发生了变化。在与海尔首席执行官张瑞敏的会面中，张瑞敏问他为什么通用电气家电没有更积极的增长目标。张瑞敏希望布兰肯希普与他一起前往波士顿，与海尔在人单合一项目上合作过的一家咨询公司会面。他们二人在那里就通用电气家电及其转型需求进行了长谈。然而，在那之后，人单合一并没有在通用电气家电得到快速实施。

2017 年，布兰肯希普离开通用电气家电，诺兰随后成为新的首席执行官。[①] 诺兰发现，当时公司管理团队中的许多人已经做好了改变的准备。2016 年，通用电气家电的几位产品负责人曾前往中国参加海尔的全球产品会议。这些会议是为海尔的各个产品线举办的，如烹饪电器和洗衣电器产品线，目的是让海尔全球各公司的相关领导者聚集在一起，传播先进知识，创造公司之间的协同效应，例如感知市场趋势、设定产品开发优先级和使用平台。

通用电气家电的产品负责人在这些会议上了解了人单合一理念。

在很早以前，我们前往中国参加会议时就接触到了人单合一。

① 值得注意的是，通用电气家电的新任首席执行官并不是由海尔自上而下任命的。为了与海尔的非等级制管理方式保持一致，诺兰参与了该职位的竞聘，并取得胜利。

这种新理念的某些方面似乎对他们很有吸引力。

> 我认为真正引起我共鸣的地方在于，引领这个行业的是小微，以及真正对你的业务和终端用户负责的创业元素。

因此，当海尔在 2017 年任命诺兰为通用电气家电的新首席执行官时，高级产品经理对变革的抵制减少了。

全新的治理与“轻触式”指导

作为转型的一部分，海尔需要一个新的高层领导治理结构来管理通用电气家电。执行委员会[①]取代了传统的执行团队，成员只有三人：首席执行官诺兰、首席商务官里克·哈塞贝克（Rick Hasselbeck）和首席运营官梅拉妮·库克（Melanie Cook）。他们三人分工合作推进转型。诺兰专注于商业领导和产品开发，哈塞贝克专注于职能商业化，库克专注于运营。诺兰表示，这种新安排在公司转型中发挥了有益的作用，因为它同时关注了三个方面。

负责转型事宜的海尔高管是梁海山，他采用了“轻触式”的管

① 2020 年，该执行委员会在公司完成转型和改变目标后解散了。

理方法，并继续以导师的身份支持诺兰。2017 年，梁海山和诺兰聚集了各产品线的现任领导者，并在会上解答了这些人对人单合一的一些疑问，他说：

> 你会释放每个人的潜力，将决策权下放到最低层级。此外，你需要首先关注市场，将整个业务与用户及其需求结合起来。你还需要奖励那些表现很好的人。

此外，梁海山指出：

> 我们在中国就是这样做的。我知道我们在中国做的事情不能完全复制到美国，但我们希望你们遵循这一理念。你们如何在自己的市场做到这一点？

这再次引起了通用电气家电产品线领导者的共鸣。在梁海山的支持下，诺兰召集产品线领导者，让他们把重点放在市场上，让业务与用户及其需求保持一致。产品线领导者提出了一系列关于如何实现这一目标的建议。其中一位受访者表示，这份建议清单可能包含 15 项高水平的行动项目。通用电气家电的高管和梁海山一起审阅了清单，讨论了每一个项目的可行性以及如何实施。对产品线领导者来说，这种领导方式激励了他们，不仅让他们渴望改变，还明确了他们可以使用的解决方案。

与此同时，首席商务官与业务职能部门的领导者一起，努力改变大家的思维方式，寻找新的解决方案。这些部门将成为服务于通用电气家电各项业务的平台。与此同时，首席运营官与运营部门的领导者一起，也准备将该部门转变为服务平台。但是运营部门遇到了一些变革阻力，因此首席运营官库克可能是执行委员会中面临最大挑战的一位。

到 2017 年秋天，经过大约 18 个月的学习、准备和设置工作，新的首席执行官、产品线领导者和职能部门领导者都已经为通用电气家电的转型做好了准备。

人单合一成为可行的解决方案

诺兰了解了从中国学习到的新理念，并从张瑞敏和梁海山的想法中找到了很多共鸣。诺兰更加坚信，通用电气家电可以采用人单合一模式。此外，海尔允许通用电气家电根据自己的市场情况自由调整人单合一模式，这让诺兰和产品线领导者都觉得这个模式是可行的。事实上，通用电气家电的新领导层和海尔青岛工厂的领导层就如何在通用电气家电应用人单合一模式进行了积极的讨论。青岛工厂的领导者认为，通用电气家电的高管已经理解了这一模式，并能够对自己的解决方案负责。但是，中国和北美的市场存在差异，所以通用电气家电不能照搬青岛工厂的做法。接下来的工作是要让人单合一理念得到其他高层领导者，比如新的平台主的认可。

为了说服这些人，通用电气家电的新领导层指出了人单合一已被证实的潜力，展示了人单合一对同行业的中国海尔的积极影响。海尔本身就是通用电气家电的榜样，事实也证明，它确实是一个强大的学习对象。如前所述，海尔已连续 12 年被欧睿国际评为全球顶级家电品牌。其专注于物联网的子公司海尔智家已跻身《财富》500 强。此外，截止 2023 年 1 月，海尔成为孵化器平台，已经孵化了 7 家独角兽公司和 102 家瞪羚公司。

然而，与产品负责人的感觉不同，对制造和采购等职能部门的领导者，即那些之前在通用电气家电内部拥有很大权力的人来说，公司转型并不那么容易接受。在通用电气家电被收购之前，这些职能部门是人们关注的焦点，它们代表了通用电气家电内部最大的一部分成本，而成本效益向来是通用电气控股时追求的主要目标。这些职能部门自然是公司关注的核心，被赋予权力采取措施，以降低成本，并保证充足的市场供应。

不过，这些职能部门的领导者最终还是意识到，他们无法抗拒工作方式转变的趋势。

很明显，我需要适应新的结构，而新的结构不会适应我。

我做了一个决定。那些没能适应转变的人，要么换了不同的岗位，要么离开了公司。

公司转型确实是对这些领导者的个性和适应能力的一种考验。一位受访者说，幸运的是，他的性格特点是卡米洛特型[①]，这让他更容易接受改变。最困难的是思维模式的转变，一些职能部门领导者花了大约一年时间才适应。

你已经习惯了在没有任何干扰的情况下拥有如此多的控制权。与新的小微主分享这种控制权，并真正将他们视为自己的最终客户，是一种非常不同的思维模式。我花了整整一年的时间才真正适应。

尽管对职能部门领导者来说，做出改变很困难，但事实证明，人单合一是一种很有吸引力的新理念，激发了他们坚持下去的意愿。

从根本上说，我相信这是一种有趣的方法，我对它着了迷。

① 在古英格兰的传说中，亚瑟王的宫廷位于卡米洛特，那是一个神话般的地方，人们团结一致，追求崇高的目标和理想。

我们可以从转型中吸取教训。执行委员会和产品负责人已经很清楚新理念及其关键要素的可行性，公司中的其他人也必须适应，否则就得离开，以便公司全面实施转型。

此外，虽然高层领导者相对较快地“掌握”了人单合一模式，但又过了一年半，该模式才被更低层级的员工接受。

> 我认为，在他们相信之前，提供证据是很重要的。我认为事实就是如此……减少奖金，继续将资金投资于创新和增长。

对处于第三级管理层及其下的人员来说，人单合一的有效证据非常重要。一个重要的结论是，全面转型需要时间才能渗透到整个公司中。2021 年秋，在我撰写本文的时候，通用电气家电内部仍在致力于实现人单合一的“社会化”。

没有飞行员的飞行

在大多数转型中，公司是从试点开始的，例如在控制单元（如职能或业务单元）中实施新方法的一项或全部原则。这样做可以促使公司学习并改进新的工作方式，然后扼杀没用的，传播有用的。

在实施精益管理时，这种方式更加典型，公司会从制造部门开始，然后将新方式引入其他领域，如产品开发或人力资源。

然而，通用电气家电没有进行试点。高层决定将整个通用电气家电作为控制单元，在整个公司内同时实施人单合一理念的几个原则。这样做有几个原因。诺兰发现整个公司的系统“已经崩溃”，坚持旧的工作方式的商业风险要高于尝试新事物。此外，他在一年多的时间里学习了新的理念和原则，甚至研究了使人单合一适应自家公司情况的方法。

因此，通用电气家电转型的前提条件非常有利。首先，通用电气家电的所有者和首席执行官诺兰强烈希望改变。其次，诺兰看到，新的工作方式似乎不仅在中国取得了成功，在 FirstBuild 也取得了成功，因此这对通用电气家电来说是可行的。最后，他的判断是，与保持不变相比，改变的风险较低。这使得“一切照旧”的选项被摒弃。基于这些原因，诺兰并不觉得有任何试点的必要，就应该直接在整个公司内推行人单合一理念的部分原则。

在通用电气家电 2016 年被收购之前，诺兰已经和公司的其他人详细阐述了人单合一的第一条原则，即关注用户的重要性，这在人单合一理念中被称为用户零距离。2017 年 8 月，通用电气家电宣布，用户是每位员工的老板。这是通用电气家电新计划的一部分：

> 通用电气家电为了加速增长，首先要将重点从内部转移到外部。传统观念认为“管理层是老板”，要根据管理层的观点、评估、目标等做出决策。我们现在的一切，比如我们的结构和任务等，都必须专注于满足用户的需求和愿望。我们与用户的关系越密切，我们提供的价值就越大，我们就越成功。

第 14 章将介绍通用电气家电如何在全公司范围内实施人单合一的各个核心原则。

管理清单

LEADERSHIP FOR A DIGITAL WORLD

1. 人单合一在很大程度上颠覆了通用电气家电之前的发展轨迹，通用电气家电以前的发展轨迹专注于成本效益和产品质量，以保护通用电气的品牌。通常，这种颠覆必须由强大的力量驱动，而在通用电气家电的案例中，这种力量分别为：海尔作为新所有者的影响力，以及通用电气家电前技术副总裁凯文·诺兰被任命为新的首席执行官。
2. 诺兰第一次认为变革是“可取的”，因为他当时对通用电气家电的发展历程深感担忧。此外，他和其他高管被说服，认为人单合一在通用电气家电是“可行的”，因为它在中国的海尔运行得很好。

3. 海尔派出专家对通用电气家电简单地进行了指导，推动了这一进程的发展。通用电气家电的高管们看到，人单合一将在他们的充分参与和投入下实施，而不是仅停留在顶层设计上。
4. 通用电气家电选择在不进行试点测试的情况下在全公司范围内实施人单合一，以加快行动。

Leadership For A Digital World

第 14 章

通用电气家电采取的关键步骤

通用电气家电被海尔收购时，必须花时间与通用电气分离，这意味着通用电气家电必须考虑品牌、领导力、结构和薪酬模式等方面的问题。此外，所有这些考量都必须根据海尔制定的具有挑战性的新引领目标，即“成为公认的美国领先的家电公司”，以及人单合一模式来决定。在将与用户零距离确立为核心原则后，接下来的过程是设定和传达引领目标，以及实施其他几项人单合一的原则。

2017 年，在新任首席执行官凯文·诺兰的领导下，这一切行动开始了。

诺兰与梅拉妮·库克和里克·哈塞贝克一起，向公司成员传达了新的引领目标。通用电气家电之前专注于成本效益，只是在试图捍卫其市场地位，所以现在这场转型相当具有颠覆性。然而，通用电气家电的转型现在正在采用以下步骤有条不紊地进行着。

建立新小微

在宣布引领目标后不久，该公司取消了组织结构中的一个层级，为小微的形成和直接向首席执行官汇报的机制奠定了基础。产品线变成了小微；每个小微主都被任命为副总裁，承担小微的盈亏责任。

公司将产品线转变为经验丰富的领导者的自治“业务”，以便首席执行官可以长期关注公司的新商机。结果，几家新小微相继成立。

◎ Zoneline（2017 年成立）主营通用电气家电的酒店和汽车旅馆市场的空调机组。

◎ Small Appliances（2018 年成立）复兴了通用电气家电十多年前退出的一个产品类别：厨房小家电，如烤面包机、搅拌机和咖啡机。

◎ Water Heaters（2019 年成立）是另外一种复兴。这条产品线在诺兰担任技术副总裁时就被放弃了，诺兰因此非常沮丧。而新业务包括传统的水箱式热水器、即热式热水器和太阳能热水器。

◎ RV Appliances（2019 年成立）正在为通用电气家电探索一条全新的业务线：休闲车和房车上使用的迷你冰箱等电器。

与过去相比，小微的结构使自下而上的新公司更容易组建。如第 11 章所述，房车业务是由 Zoneline 小微的员工发起的。Small Appliances 小微的负责人对此评论道：

> 我的方法是围绕小家电建立新小微，这使得快速发展团队并获得增量资金变得更容易。

在领导层和结构发生变化（将产品线转变为小微）的同时，首席商务官和首席运营官与营销、销售、制造、分销和采购等业务部门和职能部门的负责人合作，将这些部门转变为服务平台，让小微成为内部“客户”。如前所述，对这些部门的负责人来说，最困难的是改变思维模式，及时接受新的安排。然而，这一变化会让一些新平台主受益。例如，制造平台的负责人担起了控制原有的质量部门以及各工厂的入厂物流的责任。

根据新制定的例行程序，小微主与平台主一起批准每项“服务”的预算。这里应该说明的是，根据人单合一在中国实行的原则，小微可以选择与内部服务平台合作，或者在内部服务功能缺乏竞争力的情况下选择外部第三方的服务。通用电气家电没有选择创建这种竞争性市场，而是给予小微主与平台主协商预算的权利，然后每周跟进计划。因此，通用电气家电的解决方案不应被视为内部市场的，它更像是建立了一种由共同的目标和长期合同约束的伙伴关系。

因此，材料成本和生产成本等功能性成本得以降低，产品更具竞争力。实现这一点的一种方法是，平台主花更多时间实现业务数字化：

> 我一直专注于推进业务数字化、终端可视性，以及机器人技术和自动化……我比以往任何时候都更专注于提升制造工厂的技术能力，以确保让小微主具备市场竞争优势。我们的愿景是成为成本最低的创新产品供应商。

如果通用电气家电不具备制造特定产品的能力，那么小微主可以到外部去找第三方制造商签订合作合同。基于诺兰的愿景，通用电气家电真正推崇本土制造，即在自己服务的市场上制造自己的产品，以灵活响应客户和用户的需求。由于每种产品都有了相应的制造工厂，所以平台主不必再因为生产资料稀缺而在不同产品之间进行权衡。

更新薪酬模式，与用户零距离

2017 年，通用电气家电改变了薪酬模式，以响应人单合一的用户付薪原则，即薪酬必须反映并奖励每个公司、团队和个人为用户创造的价值。这是使整个公司进一步与市场和用户需求保持一致的重要一步。

作为公司转型的下一个阶段，用户零距离的概念被采纳。这一阶段由每周一次的“转型脉冲团队”提供支持，该团队由执行委员会、首席财务官、法务，及人力资源和通信主管组成。如前所述，为了优化组织轨迹，任何公司都倾向于采用与自己已有的或计划进行的、更接近自己的组织创新。通用电气家电认为用户零距离很熟悉，且非常有吸引力，这是因为通用电气家电从前实施六西格玛和精益管理时，已经启动了几项活动和计划，以更好地了解客户和用户：

> 我是通用电气最早的“黑带”倡议者之一……没有什么比亲自倾听更有价值了……了解用户未被满足的需求。

然而，采用用户零距离原则远不止以用户为中心这一件事。诺兰表示，用户零距离原则要求公司首先找出当前运营中阻碍公司满足每位用户的独特需求的差距或问题。这一概念于 2018 年被采用。后来该公司采用的一些组织创新都是这一原则的自然延伸，如“品牌屋”。

从一个品牌转变为品牌屋

2016 年，通用电气家电从宝洁聘请了哈塞贝克来担任首席商务官。哈塞贝克立即意识到有必要进行市场细分，并更加注重了解不同的消费群体：

> 我强烈要求，我们必须由外而内地思考，必须让消费者参与每一次对话，这样他们才能推动我们的决定。我们必须开始与消费者会面。凯文和梅拉妮非常支持这一想法，我认为这也是海尔在应用用户零距离这个概念时的想法。

随后在 2017 年，通用电气家电聘请了同样来自宝洁的玛丽·帕特曼（Mary Putman）来担任营销和品牌部门的副总裁，于是“品牌屋”的概念诞生了。与此同时，通用电气家电采用了“所有权体验”这一概念。正如帕特曼女士所说：

> 我将我的服务经验与我的产品管理经验相结合。我们这样做的时候，必胜客推出了一个应用程序，可以让用户看到比萨送达的时间。我们应该能够做同样的事情。我们试图为用户提供更好的体验。

帕特曼和哈塞贝克在 2017 年秋季共同提出了“品牌屋”的创意。这一创意和新的品牌战略于 2018 年被公司接受并实施。基本上，这一概念要求通用电气家电的每个产品（或产品线）以一个品牌名称进行营销，该品牌名称将在其潜在细分市场中与用户产生最强烈的共鸣。例如，在厨房家电领域，通用电气家电有一个以 Monogram 品牌名来销售的“超高端”产品系列。因此，想要这类电器的人可以从通用电气家电购买 Monogram 冰箱，而喜欢海尔品牌的人可以购买通用电气家电制造的海尔冰箱。这使得通用电气家电“从品牌公司转变为品牌屋”。“品牌屋”的目标是在用户中培养更精细、更个性化的品牌意识和品牌忠诚度，同时帮助定位并协调公司内部的产品开发。

“品牌屋”计划的实施是一个复杂的过程，因为通用电气家电的员工仍在试图弄清楚新的组织结构和他们的新职责。现在，小微主必须在满负荷的工作中增加一个维度，即品牌差异化，以实现公司的引领目标。对大多数公司来说，从单一的品牌标识转变为多个品牌标识是一个巨大的变化，但在通用电气家电，这种新的品牌战略就像不同小微之间的黏合剂和协调机制。这使得每一个品牌的产品都具有相似的、家族式的外观和感觉，还使通用电气家电能够覆盖更多的细分市场，并保持相关性，例如通过独立品牌同时覆盖高端市场和低端市场。

更加多样和包容

在实现用户零距离的过程中，多样性和包容性也很重要。公司员工最好有参与感和成就感，并能够代表各种各样的客户和用户。让通用电气家电更加透明的几项改革也有助于员工提升参与感。以前的“非公开”领导层会议现在已经对所有员工开放。例如，以前只有高管参加的季度业务更新会议就已经向所有员工开放。此外，诺兰开始在公司范围内每周发送视频，告知每个人可能以任何方式进行改变、更新，以及影响其他事情。诺兰对多样性和包容性有着浓厚的个人兴趣，他说自己一直受到纽约切尔西酒店的启发。多年来，这家酒店的确被设计和建造成为一个包容、平等的住所。在那里，人们“对个性和行为的变化有着很高的容忍度”。切尔西酒店首席建筑师的灵感来自 19 世纪的法国哲学家查尔斯·傅立叶，后者的社群主义思想包括女性平权等。

2018 年，通用电气家电聘请了一名专注于包容性和多样性的总监，以开发公司所需的新能力和技能。大多数现有员工已经在通用电气家电工作了很长时间，为了实现用户零距离，多样性要求员工不仅能代表各种类型的用户，还需要提供新的适应数字时代的功能。这一举措产生了积极的影响，因为它设定了预期，并为雇用能够使公司更具创新性的人才创造了机会。

2017—2019 年，通用电气家电的转型可以被归纳为两个主要阶段。**第一阶段是在 2017 年，具体变化包括以下几点：**

- ◎ 设定目标：确立引领目标。
- ◎ 组织：将核心产品线转化为小微，将职能部门转化为平台。
- ◎ 薪酬：针对董事及以上职位，实施与小微和平台指标挂钩的短期和长期激励项目。

◎ 培训：关注端到端的流程和金融支持。

第二阶段是在 2018—2019 年，具体变化包括以下几点：

◎ 成立包括非核心业务在内的更多小微。

◎ 品牌屋：从以产品线为中心的品牌转向以所有者为中心的品牌组合。

◎ 薪酬：扩展短期激励项目，覆盖所有付薪员工。

◎ 培训：让所有员工学习人单合一的原则，并通过“社会化”人单合一模式在组织内践行。召开全体会议，每周通信。

下一步：打造生态系统和链群

通用电气家电转型的下一步是解释和实际创建它的生态系统。通用电气家电已经以 SmartHQ 的形式向公司以外的人开放了一个平台。目前，公司内部正在讨论生态系统的概念对公司的意义。公司业务将从硬件生产转向物联网场景，并为用户提供解决方案，而不是单一的设备。因此，向解决方案和场景的转型也是未来变革内容之一。这一阶段包括进一步的数字化流程，以及与外部合作伙伴建立网络，这些合作伙伴将成为通用电气家电的一部分。

为了支持生态战略，通用电气家电还致力于解释海尔链群的概念，以理解链群对公司意味着什么，以及如何最好地应用这个概念。目前，通用电气家电将链群视为平台和小微之间以及小微与小微之间的内部协议，以改善用户体验。为了避免不必要的官僚主义和程序，目前通用电气家电在内部不使用正式合同，而是使用内部各方之间的“协议”。通用电气家电还没有与外部合作开发任何链群，例如区块链。未来变革列表上的最后一项是使公司更加“有机”，从而更加动态，能够响应用户未来的需求。

对诺兰来说，通用电气家电处于转型的开始阶段，而不是结束阶段。从销售硬件到提供场景的战略，意味着他将继续改变公司和员工的工作方式。

维持转型，永不停止改变

诺兰坚持着一点——通用电气家电永不停止改变，永远不把任何制度或实践视为“神圣的”，以此来维持转型过程。例如，他甚至不认为小微结构在未来仍是正确的。任何与当前形势和经济相关的事情都需要质疑和审查。此外，由于转型释放了员工的潜能，因此他们能够追随自己热爱的东西，这使得通用电气家电内部正在启动不可预测的新业务，如房车业务和家庭园艺业务。诺兰认为，出于这些原因，即使是成为美国家电行业的领导者之类的引领目标，也可能会有局限，很快就需要更新。

通过每年重新设定引领目标，通用电气家电能够保持警觉，并不断改变和转型。定期更新的目标被部署到整个公司中，并影响着每个部分。方针管理计划系统以前是用来让员工专注于他们应该做的事情的，现在则是部署新目标的关键工具。在这个动态变化的环境中，信任是最重要的。员工需要信任领导者，相信对公司有利的改变也会对他们有好处。在这方面，领导者之间的透明度和真实性是关键，而每季度召开一次全员会议和首席执行官每周发布视频都是确保透明度与真实性的重要机制。

危机推动我们前进

当新型冠状病毒肺炎疫情在全球蔓延时，通用电气家电积极应对，迅速制定了一系列指导原则："保护我们的员工，保护我们的业务，专注于支持和满足用户和社区的需求。"左哈尔表示："诺兰认为危机激发了创业精神，人们立即行动起来，做出改变，以满足用户的需求和发现新的商机。在疫情期间，通用电气家电中有 157 000 名员工成为志愿者，其中甚至包括法务、制造部门的高管。"

此外，“通用电气家电没有削减产量，而是引入了新的产品线，并推出了直接的消费者渠道。这里没有一个人被解雇，公司反而还雇用了数百名新员工。疫情真的证明了人单合一的速度和敏捷性。危机在推动我们前进。我们必须根据未来可能会不断发生危机的假设来建设公司。新型冠状病毒肺炎疫情不会是最后一场危机。我们将不再生活在计划和效率的世界中”。

通用电气家电按照人单合一的理念不断转型，唯一真正不变的是通用电气家电采用的该理念的关键原则：提供优质的用户体验，释放每个人的创业能量，分享所有参与者创造的价值。当前模式的所有其他方面都是可塑的和动态的，如果公司要在快速变化的时代继续发展和转型，这些方面就必须如此。

戴维·蒂斯的动态能力模型似乎在通用电气家电的人单合一模式中找到了一种真正的表达形式。通用电气家电的转型之旅已经产生了深远的变化，得益于这些变化所带来的新能力，通用电气家电似乎已经为进入充满活力和创新的未来做好了准备。

在下面的章节，我们将提出一些管理建议和总结。

管理清单

LEADERSHIP FOR A DIGITAL WORLD

通用电气家电通过人单合一模式成功转型，除前期准备外，还采取了如下几个关键步骤：

1. 建立新小微。
2. 更新薪酬模式，与用户零距离。
3. 从一个品牌转变为品牌屋。
4. 更加多样和包容。
5. 打造生态系统和链群。
6. 维持转型，永不停止改变。

Leadership For A Digital World

第五部分

揭秘传统企业转型成为数字赢家的关键

Leadership For A Digital World

第 15 章

通用电气家电成功转型带来的新启发

本书的开篇几章追溯了从早期工业时代到现在，管理模式以及商业世界本身的演变和发展。然后，我们深入研究了海尔、人单合一模式以及通用电气家电的转型。到这里，有人可能会问：这本书能带来什么关键收获？为了解答这个问题，我们将从一般术语开始，之后再进行具体的阐述。

第一，数字世界中存在一套新的组织管理原则。与传统的管理模式相比，这些新原则使企业更具创新性、灵活性和快速行动能力。如第 8 章所示，海尔和通用电气家电所采用的管理原则在其他成功的企业中也有体现，比如以谷歌为代表的硅谷企业。将谷歌和海尔的两种管理理念加以对比，我们发现它们所基于的原则在很大程度上是重叠的。这意味着海尔和通用电气家电并不是一套新管理原则的独特案例，它们反映出一套更普遍的新管理原则。我们可以称之为管理“元原则”，并为它贴上数字时代的标签。

第二，我们从海尔和通用电气家电的描述中可以明显看出，新的管理原则允许企业建立和加强动态能力。想要成为一个充满活力的企业，就必须意识到组织和商业模式都需要持续改变和更新。要做到这一点，企业需要以人为本，充分发挥员工的创造力。此外，企业还需要具备双重能力，即在利用现有知识和机会的同时，能够探索新的机会、新的知识，创造价值。一种方法是允许开放创新，以及利用企业内外的创新因素。与客户、供应商和其他合作伙伴进行共同创造，在如今的创新过程中越来越重要。企业还需要采用系统性的方法来取得成功。这些选择适用于企业的各个部分，而不仅仅在新产品开发等选定领域适用。如第 2 章所示，这些能力对当今世界来说是必不可少的，海尔和通用电气家电都展示了这些时代所需的能力。

第三，传统企业需要尽快响应。基于对新型管理创新的传播进行的研究，以及从海尔和通用电气家电的案例中吸取的经验教训，一次企业转型需要花费好几年的时间（在最佳情况下不超过 5 年）。这是一个基于组织持续学习的进化过程。如果你不开始这个过程，你就学不到东西。因此，管理人员需要培养“学习者思维”，为企业确定引领目标和一些新型指导原则，并开启学习过程。

第四，指导企业转型没有统一的蓝图。有一些元原则可以指导企业转型，但实践必须适应单个企业及其环境。在转型过程中，领导者如果采用与过往相差太远的原则进行变革，就很有可能会遇到巨大阻碍。如此一来，具体的流程、结构和实践就无法更新。以通用电气家电为例，为了转型，它不得不更换首席执行官。新的首席执行官来自内部，有执行颠覆性变革所需的知识储备和能力。同样的变革也发生在微软，它也进行了有趣的文化转型。这两个案例表明，董事会应该寻找符合数字经济新原则、有能力改变人们思维和工作方式的领导者候选人。这些候选人可以来自企业外部，也可以来自企业内部。然而，可能还需要更换一些董事会成员，让那些支持以更有竞争力的新方式为企业创造价值的人加入进来。

通用电气家电成功转型的 4 个关键

凯文·诺兰表示，通用电气家电的竞争维度有两个：

1. 获取并应用最新技术的能力。
2. 用户亲密度（用户零距离）。

这两个维度都迫使公司进行改变，也迫使员工改变他们的思维模式。在新型冠状病毒肺炎疫情期间，“新通用电气家电”遭遇了一次重大考验，当时工厂经理们只有一周的时间来确保工厂完全遵守安全指南。他们成功经受住这次考验，并成了其他人的榜样。

通用电气家电的首席通信官安东尼奥·博达斯总结了通用电气家

电的转型过程，并指出了促成转型的关键事件（见图 15-1）。

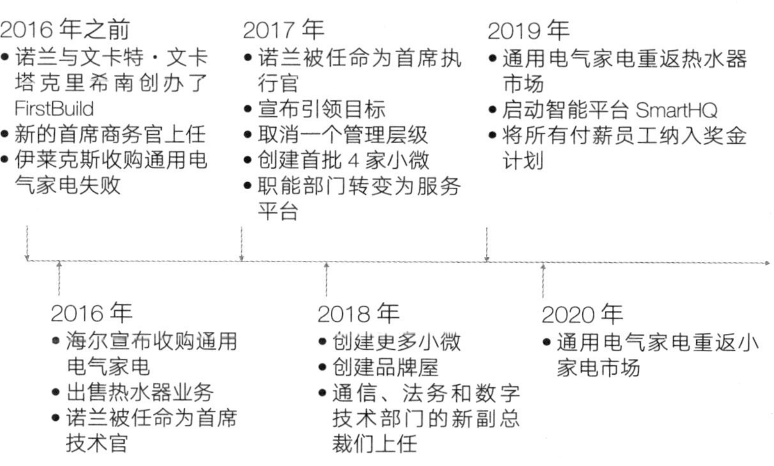

图 15-1　通用电气家电实现转型的关键事件

资料来源：Steiber, A. (2021). *The transformation of GE appliance*. Report for Haier Management Institute.

博达斯强调了转型背后的 4 个关键成功因素：领导力、组织、文化和一致性（见图 15-2）。

在领导力方面，首席执行官、小微主和平台主的角色和思维模式都必须改变。新任首席执行官必须突破该职位的以往定义，即行使中央控制权、管理日常运营、设定短期目标，并充当首席决策者的角色。新的管理理念和原则要求他专注于成为一个推动者，致力于消除障碍、设定愿景、明确差距，并担任顾问。可以理解的是，通过“培训”来让传统的首席执行官进行这些改变可能是困难的，因此公司需要聘用新的首席执行官。无论是过去还是现在，诺兰的个性都与这种新的管理模式非常契合。小微主（以前的产品经理）必须改变他们在服从命令、限制风险，及有限的自主权和责任等方面的思维模式，变得更有能力承担风险及响应用户和市场需求，100% 对结果负责。如前所述，这对被选中的小微主来说似乎不是问题，但一些关键职能部门的前任负责人很难适应为小微服务的平台主这一新角色。

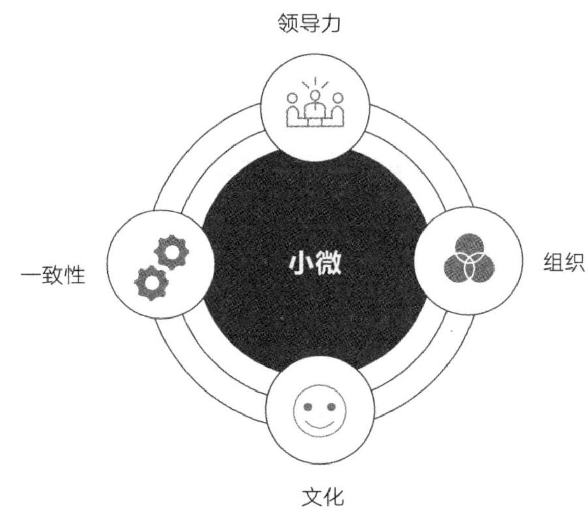

图 15-2　转型成功的因素

资料来源：Steiber, A. (2021). *The transformation of GE appliance.* Report for Haier Management Institute.

在组织方面，通用电气家电过去的特点是拥有强大的报告线、运营功能，静态的产品线，以及强制性跨职能协作，产品部门和职能部门之间存在竞争。新的组织结构是围绕着双边合约（或“协议”）建立的，使平台、敏捷小微、“自然的”跨职能合作服务于小微和小微之间，以及小微和平台之间的集成与协作。这些变化见图 15-3。

另外两个成功因素是文化和一致性。通用电气家电文化转型的目标一直是通过赋能和推进所有权，将员工转变为企业家。对通用电气家电来说，这就像是在努力实现公司目标和个人贡献之间的零距离。用首席执行官诺兰的话来说，这就像是在对抗地心引力——拥有权力的人倾向于积累而不是分配更多的权力。因此，通用电气家电需要不断对抗组织中某些人周围“权利集中”的趋势。

促成这种文化转型的关键要素有以下几点。

◎ 直接对话：主动沟通，促进开放合作。
◎ 透明管理：开放和持续的对话。
◎ 问责制：明确定义目标、产出和期望。
◎ 提高标准：赋予员工探索、分享、测试和决策的权利，将员工与他们的激情和最强的能力联系起来。
◎ 寻找更好的方法：始终质疑现状，寻找更多为用户增加价值的更好办法。

领导力

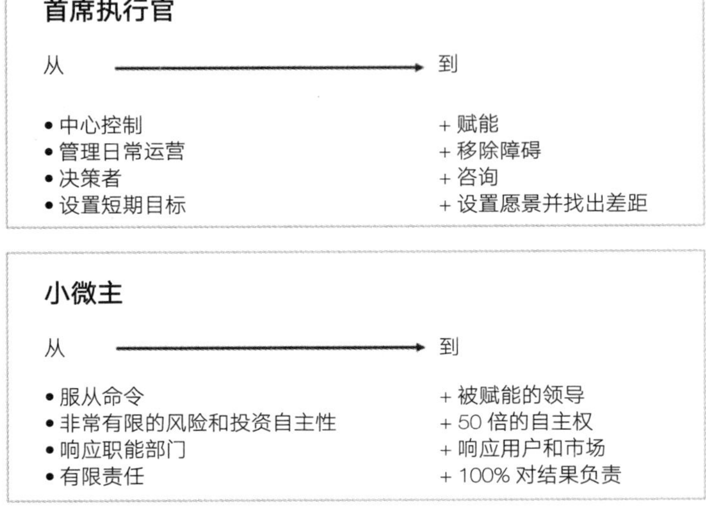

组织

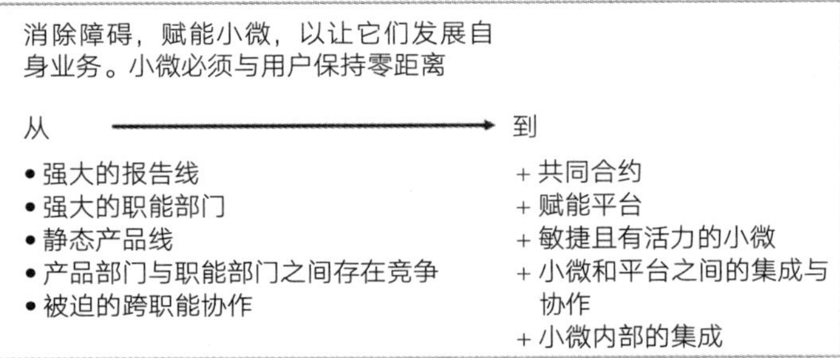

图 15-3　领导力和组织的转型

资料来源：Steiber, A. (2021). *The transformation of GE appliance.* Report for Haier Management Institute.

◎ 协作：齐心协力解决问题。
◎ 创造新的可能性：积极主动地创造新机会，从而为用户、员工自身和公司提供更多价值。

一致性意味着让公司的目标和用户价值保持一致。这需要清楚地沟通目标、指标和结果，并让员工理解他们将如何为实现这些目标做出贡献。一致性也得到了用户付薪模式的支持，这种模式将奖励与公司和小微的业绩联系起来，并辅以象征性的奖励和认可计划。

采用人单合一的 7 个重要见解

本部分专门为那些对人单合一感兴趣，想用它来进行企业转型的人所写。以下是从通用电气家电的经验中总结的几个重要见解。

人单合一不是一个说明书

人单合一不是一个说明书，而是一种基于某种思维模式和基本管理原则的理念。任何组织要采用这种理念，它的员工都需要理解并接受这种思维模式及其基本原则。在通用电气家电，理解和认同的过程用了 6 个月到几年的时间，具体时间长度取决于你问的是公司中的哪个人。当然，一旦高管真正明白了人单合一，转型就可以开始了。关键在于，每个组织都需要找到适合自己的和可行的方式，以转变其管理模式。因此，没有一个全球适用的模式，只有基于相同基本原则的特定模式。这些原则可概括为以下几点：

◎ 关注市场，采用由外而内而不是由内而外的视角。
◎ 保持组织的一致性，并确保端到端的问责制，以专注于用户。
◎ 下放权力和责任。
◎ 相应地调整薪酬模式。
◎ 利用引领目标来自我拓展。

对通用电气家电来说，由此进行的思维模式的改变是颠覆性的。公司的思维模式已经发生了以下转变：

◎ 从“公司第一”到“用户第一”。
◎ 从“不要输”到“要赢”。
◎ 从“发展单一品牌”到“建设多个品牌”。
◎ 从“应对竞争”到“引领竞争”。
◎ 从“规避风险”到“拥抱机遇”。

人单合一并不是终点，而是一场旅程

人单合一的核心原则是让组织更适应数字时代。然而，组织在任何时间点采用的人单合一模式都不能被视为最终状态。它是一个随着环境的不断变化而变化的临时模式，可以被看作基于新的设计原则的一种新的组织轨迹。轨迹指的是组织所走过的道路，在通用电气家电中是一条持续发展和改进的道路。因此最重要的是，任何希望摆脱当前轨迹，进入新的“人单合一轨迹”的企业，都必须采用学习思维模式。企业状态永远不会是完美的，它总是需要改变，有些改变甚至是颠覆性的，只有不断改变，才能在一个具有高度动态性和不确定性的世界中生存。

高管的承诺和支持至关重要

诺兰在 2017 年被海尔任命为通用电气家电首席执行官是有原因的。他相信新的原则，并拥有丰富的经验，他已经为把公司变得更好做好了准备。在他看来，继续按照过去的模式经营通用电气家电，风险是最高的。他很有竞争力，希望公司在家电领域成为世界上最好的公司，而不是只关注短期的财务数据。他对成功的渴望，以及他对产品和终端用户的热情，使他和他周围的人思考公司会成为什么样子，以及如何实现这一点。

引导员工参与转型进程

企业要想转变其思维方式、结构、领导方式和工作方式，就必须创造一个关键群体，让他们相信并分享转型对员工、企业和终端用户都有好处这一观念。要做到这一点，透明度和员工参与是关键。通用电气家电采取了几项措施来提高内部透明度。其中一项重要措施是每周召开视频会议，让首席执行官与每一位员工分享公司的成功和挑战。另一项措施是将“领导”会议的参与者从高管扩展到所有人。公司的成功和员工钱包里的钱之间的直接关系也有助于增强信任和透明度，在这方面，奖金制度的改革发挥了关键作用。员工与新的小微主和平台主之间的许多会议也在建立知识储备、信任和信念方面发挥了关键作用。让新的小微主积极地设计新工作方式，以加强对用户的关注和端到端的问责制，是管理模式变革的重要实践。

每个传统都需要质疑

企业的传统是企业文化的一部分。挑战这些传统就像挑战美国人的感恩节观念一样困难。企业传统随处可见，从如何开会，到如何评估员工，再到晋升标准。在转型中，每一个传统都需要质疑，看看它是否适应新的思维模式和原则。如果答案是否定的，传统就必须改变。在通用电气家电，许多传统都被改变了，例如公司向员工发放奖金的方式。从前只有高管能获得奖金，而现在每个员工都有机会获得奖金。又例如雇用制度，以前公司聘用的大多是非常懂工程技术的人，而且他们最好还是来自内部，如今，公司注重招聘那些与公司现有员工的能力和技能互补的人，也在寻找能够为公司创造新商业价值的人。此外，公司对领导力的传统看法也发生了变化，从自上而下的控制型领导力转变为更注重授权和指导的领导力。在一个快速变化、具有不确定性的环境中，领导力的这种变化至关重要。

改变很困难，需要战胜很多阻碍

如果不了解转型将带来的好处和潜在风险，那么员工和组织通常不希望转型。因此，有远见的、具备一致性的、透明的结果驱动型领导，是转型的关键。通常，要先组建一个初始核心团队，以便在整个组织中进一步推动转型。通用电气家电对产品线领导者进行了培训，以调动其积极性，这在首批转型支持者的形成过程中发挥了关键作用。对运营职能部门的领导者来说，转型对个人层面的好处不是那么明显，他们将成为支持平台运行的领导者。因此，让这些人参与进来花费了更长的时间。首席执行官在传达信息方面要保持高度一致，并根据改变的结果为领导者调整报酬，例如小微或平台的增长率越高，其负责人的薪酬也相应地越高。

发动较低层级的员工参与转型需要花费更长的时间，这不仅需要首席执行官保持沟通一致，还需要上文提到的透明度和人人参与。员工必须看到并理解公司的新愿景、实现愿景的道路上要面对的挑战，以及转型最终带来的实际结果。事实上，每个员工都将以一种新的方式得到补偿，这基于他们的小微或公司整体的转型结果，这在让每个人都参与转型方面发挥了重要作用。总而言之，公司采取了一系列协调一致的措施来对抗转型的阻力，推动这一进程不断向前。

转型是一场演变

通用电气家电没有现成的蓝图来告诉它如何用最有效的方式实现转型。其转型仍是一个学习的过程。大多数企业希望对一种新的工作方式进行初步试验，并评估其效果。但在通用电气家电，首席执行官看到了不尽快改变公司的巨大风险，也看到了海尔通过类似变革取得的积极成果。于是他决定跳过试验，从他认为风险最小的改变开始，分阶段在全公司范围内推进转型。公司在实施了第一波变革之后，暂停了一段时间，以观察效果并吸取经验教训。事实证明，变革的结果是积极的，所以转型之旅得以继续，并一直延续到今天。

从通用电气家电和海尔其他部门的转型结果来看，一家公司采用人单合一模式，有望在 2 ～ 5 年甚至更长时间内完成一定程度的转型。转型所需时间和难度可能取决于几个因素，如高管的稳定性，董事会的承诺和支持，组织的复杂性和规模，新工作方式与旧工作方式的差异（差异越大意味着阻力越大），以及当地文化的影响。

最后，请记住，“最终”这个概念并不适用于这种转型。在本书付印的时候，人单合一的理念已经被通用电气家电的大多数人所理解和接受，受该模式指导的大部分工作已经或即将开始运作。但正如诺兰提醒我们的那样，这段旅程才刚刚开始。

通用电气家电真正的成就是开创了一条通往未来的新道路。只要公司继续成长和发展，这就是一条充满希望的未来之路，而人单合一的理念确保它能够做到这一点。事实上，这也正是人单合一作为一种新的管理模式的可取之处。当今世界，管理组织最有力的方法就是让它能够驾驭充满未知的明天。

接下来，第 16 章将对本书的关键信息进行总结。

管理清单

LEADERSHIP FOR A DIGITAL WORLD

1. 从管理模式及商业世界本身的演变和发展中，我们可以总结 4 个关键要点：

（1）数字世界中存在一套新的组织管理原则。

（2）新的管理原则允许企业建立和加强动态能力。

（3）传统企业需要尽快响应。

（4）指导企业转型没有统一的蓝图，实践必须适应单个企业及其环境。

2. 通用电气家电采用人单合一的 7 个重要见解：

（1）人单合一不是一个说明书。

（2）人单合一并不是终点，而是一场旅程。

（3）高管的承诺和支持至关重要。

（4）引导员工参与转型进程。

（5）每个传统都需要被质疑。

（6）改变很困难，需要战胜很多阻碍。

（7）转型是一场演变。

Leadership For A Digital World

第16章

做好元管理，做面向未来的数字赢家

当今管理者面临的最重要问题是，需要让他们的组织适应数字经济中一直在颠覆性变化的世界。当前瞬息万变、不可预测的商业环境，已经深刻影响了许多行业。随着数字技术的不断发展，以及社会在适应气候变化上付出的更多努力，破坏可能会出现在更多方面。因此，数字敏捷和环境的可持续性是两个主要需求，一家企业必须具备的基本素质是快速主动地适应和创新的能力。行业领导者将是能够塑造未来的企业。那些疲于应付的企业将会面临落后风险，而那些不改变的企业将会消失。

管理模式的转变已经出现

许多大企业看似为适应新时代做好了准备，但实际上并非如此。虽然它们使用现代工具和技术，但仍沿用着过去的基本管理模式。亨利·明茨伯格将其称为“机械型组织”，这类组织的模式建立在等级结构、复杂的规则和程序的基础上，使得组织很难迅速或实质性地向新的方向发展。

要简明描述一家面向未来的企业的必要能力，可以参考戴维·蒂斯的做法。他和他的同事一直在敦促企业开发动态能力，包括“感知”、“捕捉”和“转化”。

◎ 感知意味着识别、理解机会和威胁。

◎ 捕捉是指调动资源，并从这些机会中获取价值。

◎ 转化指的是持续更新。也就是说，不断为即将到来的下一个机会以及周期性的重大战略转变重新调整企业的方向。

接下来的问题是：为了提供动态能力，新的管理模式应该是什么样的？我花了多年的时间来研究这个问题，并梳理出我在众多高度创新的企业中发现的一些核心子能力（如下所示）。

◎ 一个不断变化的组织，能够适应外部环境的变化。

◎ 以人为中心（以人为本）的方法，构建一种环境，使组织人员的创业能力最大化。

◎ 一个灵活的组织，可以同时管理增量改进和颠覆式创新。

◎ 一个与周围环境建立联系的开放组织，也就是应用开放式创新的组织生态系统，这意味着创新可以来自任何人和任何地方。

◎ 一个系统的方法，确保组织的每个部分都支持管理原则。

本书介绍和比较的新管理模式，即以谷歌为代表的硅谷模式和海尔的人单合一模式，被具有这些子能力的公司所使用，因此显示出动态能力。此外，通用电气家电被海尔收购后，采用了人单合一模式，于是发生了巨大的转变。短短几年内，通用电气家电就推出了几条新产品线，成为美国规模增长最快的家电制造商，而员工们则表示感觉充满了活力，获得了新的赋权。这为新模式支持动态能力提供了额外的证据。

有趣的是，硅谷模式和人单合一模式是由世界各地不同类型的企业发展起来的。一家是数字原生企业，后来发展壮大并实现了多元化；另一家是非数字原生企业，决心成为物联网时代的领导者。此外，正如本书的对比所示，这两家企业的管理模式主要是在实施和实践层面上有所不同，但它们的基本原则有很多相似之处。

因此，我们可以将这些共享管理原则称为新数字经济的“元原则”。正如我在前文所指出的：

这意味着管理模式的转变已经开始，这不是一个行业或局部现象，而是一个全球性现象。

从人单合一中推导元原则

我们可以从人单合一中推导出元原则，如今它已经是一个大型、全球性组织使用的最具颠覆性的新管理模式。人单合一基于 6 大核心原则。

1. 生态化的战略。
2. 网络化的组织。
3. 创客化的员工。
4. 用户零距离。
5. 用户付薪机制。
6. 非线性管理。

人单合一是指员工（人）、用户价值（单），以及员工价值创造与用户价值实现的融合（合一）。简而言之，这意味着所有员工都应该专注于创造用户价值，并根据他们所创造的用户价值来获得奖励。人单合一的目标是提供良好的用户体验，释放和利用每个人（员工和外部合作伙伴）的创业能量，并提供一个供所有相关人员共享创造的价值的架构。

此外，人单合一的哲学渗透到组织中，因此它可以被认为是一种分形：一种“在许多不同的组织层次上自相似的永无止境的活动模式”。这一点在通用电气家电得到了应用。如今，过往的业务和不同的组织级别变得更加无缝和协作，每个人都朝着一个共同的目标前进：为用户和他们的需求服务。

这是一种基本的协调形式，任何组织都应该寻求这种形式并能够从中受益。当对用户需求的持续关注与人单合一的组织结构相结合时，一个不断增长的自治小团队形成了自己的生态系统，整体的结果就是组织形成了真正的动态能力。一个以这些方式进行构建和管理的组织，可以在感知和抓住新机遇的同时不断改变自己，以满足不断变化的世界的需求。

面向未来的忠告

让我们用一些临别忠告来作为本书结尾！

1. 有一套新的“元原则”，更有利于我们在未来几年面对数字化、可持续发展的世界。

2. 传统企业如果还没有启动转型，就需要迅速做出反应，因为旧的管理原则已不再具有竞争力。
3. 新的元原则可以用于指导任何企业的转型，但具体的实践必须适应特定企业及其环境。通用电气家电完美诠释了如何根据人单合一的原则进行因地制宜的应用。
4. 要采用人单合一模式，企业首先需要解释和理解其基本原理，并接受它们。
5. 要在整个企业范围内进行转型，最高领导层的承诺和支持（包括董事会的支持）是必不可少的。
6. 为了成功转型，企业需要挑战自己的传统，逐步让所有员工都参与进来，进而扩展至整个企业。
7. 每家企业都会发现变革是困难的，所以有必要在高层领导者的支持下，与抵制变革的“抗体”做斗争。
8. 转型是一次进化。每个组织都需要开始这个过程，通过试验、学习、改进来完成进化。

本书中研究的企业是管理创新的先驱，它们已经开始了转型之旅，并正在收获回报。我希望世界各地的组织都能从这些领导者的案例中学习到领导力方面的经验。虽然商业环境竞争激烈，并不是每家企业都能繁荣甚至生存，但世界很大，所有企业都可以找到新的方法来满足人们不断变化的需求。

我们要相信，转型是必要的，必须告别过去工业时代的管理方法。在某种程度上，只要我们的组织和机构能够面向未来改造自己，我们就将越来越有机会发挥数字技术的惊人潜力，并可持续地开发人类的巨大潜力。

当你努力改造你的企业时，请将这一终极变革铭记在心。它会提醒你，你所取得的成就比你想象得要多。一步一步，一次一次地试验，你正在为所有人创造一个更美好的世界。

管理清单

LEADERSHIP FOR A
DIGITAL WORLD

1. 当今，管理者面临的最重要问题是，需要让组织适应数字经济中在颠覆性变化的世界。数字化的灵活性和环境的可持续性是两个主要需求，但一家企业必须具备的基本素质是适应和创新的能力。
2. 转型是必要的，我们必须告别过去工业时代的管理方法。

致 谢

在此，我谨向海尔模式研究院（HMI）表示衷心的感谢。特别向海尔集团创始人、董事局名誉主席张瑞敏，以及汲广强、史璐童、管军慧致以诚挚的谢意。此外，我还要感谢凯文·诺兰、安东尼奥·博达斯和通用电气家电的其他受访者；感谢比尔·菲舍尔教授为通用电气家电的研究提供了帮助；感谢埃德加·沙因和彼得·沙因对我工作的支持和信任；感谢史蒂夫·丹宁和柯特·卡尔森（Curt Carlson）对我的挑战；还要感谢我的丈夫和女儿们，以及一直相信我的作品的出版商斯普林格（Springer DE）。我还要感谢本书的编辑迈克·瓦戈（Mike Vargo）。没有谁是比他更好、更有好奇心、更值得信赖的伙伴，来和我一起完成这个项目。

未来，属于终身学习者

我这辈子遇到的聪明人（来自各行各业的聪明人）没有不每天阅读的——没有，一个都没有。巴菲特读书之多，我读书之多，可能会让你感到吃惊。孩子们都笑话我。他们觉得我是一本长了两条腿的书。

——查理·芒格

互联网改变了信息连接的方式；指数型技术在迅速颠覆着现有的商业世界；人工智能已经开始抢占人类的工作岗位……

未来，到底需要什么样的人才？

改变命运唯一的策略是你要变成终身学习者。未来世界将不再需要单一的技能型人才，而是需要具备完善的知识结构、极强逻辑思考力和高感知力的复合型人才。优秀的人往往通过阅读建立足够强大的抽象思维能力，获得异于众人的思考和整合能力。未来，将属于终身学习者！而阅读必定和终身学习形影不离。

很多人读书，追求的是干货，寻求的是立刻行之有效的解决方案。其实这是一种留在舒适区的阅读方法。在这个充满不确定性的年代，答案不会简单地出现在书里，因为生活根本就没有标准确切的答案，你也不能期望过去的经验能解决未来的问题。

而真正的阅读，应该在书中与智者同行思考，借他们的视角看到世界的多元性，提出比答案更重要的好问题，在不确定的时代中领先起跑。

湛庐阅读 App：与最聪明的人共同进化

有人常常把成本支出的焦点放在书价上，把读完一本书当作阅读的终结。其实不然。

时间是读者付出的最大阅读成本

怎么读是读者面临的最大阅读障碍

“读书破万卷”不仅仅在“万”，更重要的是在“破”！

现在，我们构建了全新的“湛庐阅读”App。它将成为你“破万卷”的新居所。在这里：

- 不用考虑读什么，你可以便捷找到纸书、电子书、有声书和各种声音产品；
- 你可以学会怎么读，你将发现集泛读、通读、精读于一体的阅读解决方案；
- 你会与作者、译者、专家、推荐人和阅读教练相遇，他们是优质思想的发源地；
- 你会与优秀的读者和终身学习者为伍，他们对阅读和学习有着持久的热情和源源不绝的内驱力。

下载湛庐阅读 App，
坚持亲自阅读，
有声书、电子书、阅读服务，
一站获得。

图书在版编目（CIP）数据

浙江省版权局
著作权合同登记号
图字:11-2022-407号

从硅谷模式到人单合一 / （美）安妮卡·施泰伯（Annika Steiber）著；陈劲，庞宁婧译. -- 杭州：浙江教育出版社，2023.1

书名原文：Leadership for a Digital World

ISBN 978-7-5722-5097-2

Ⅰ. ①从… Ⅱ. ①安… ②陈… ③庞… Ⅲ. ①企业升级－研究－中国 Ⅳ. ①F279.232.5

中国版本图书馆CIP数据核字(2022)第249271号

上架指导：企业管理 / 管理创新

从硅谷模式到人单合一

CONG GUIGU MOSHI DAO RENDAN HEYI

［美］安妮卡·施泰伯　著

陈　劲　庞宁婧　译

责任编辑：高露露

美术编辑：韩　波

责任校对：洪　滔

责任印务：曹雨辰

封面设计：张东东

出版发行：浙江教育出版社（杭州市天目山路 40 号　电话：0571-85170300-80928）

印　　刷：唐山富达印务有限公司

开　　本：880mm ×1230mm　1/32　　插　　页：1

印　　张：8.125　　字　　数：173 千字

版　　次：2023 年 1 月第 1 版　　印　　次：2023 年 1 月第 1 次印刷

书　　号：ISBN 978-7-5722-5097-2　　定　　价：99.90 元

如发现印装质量问题，影响阅读，请致电 010-56676359 联系调换。